**Wolfgang Pauleickhoff**

# Optimierung der Wirtschaftlichkeit von Miniblockheizkraftwerken

Diplomica® Verlag GmbH

**Pauleickhoff, Wolfgang: Optimierung der Wirtschaftlichkeit von Miniblockheizkraftwerken, Hamburg, Diplomica Verlag GmbH 2009**

ISBN: 978-3-8366-6927-6
Druck Diplomica® Verlag GmbH, Hamburg, 2009

Bibliografische Information der Deutschen Bibliothek
Die Deutsche Bibliothek verzeichnet diese Publikation in der Deutschen
Nationalbibliografie;
detaillierte bibliografische Daten sind im Internet über
<http://dnb.ddb.de> abrufbar.

Die digitale Ausgabe (eBook-Ausgabe) dieses Titels trägt die ISBN 978-3-8366-1927-1
und kann über den Handel oder den Verlag bezogen werden.

# Inhaltsverzeichnis

Seite

1 Einleitung ........................................................................ 7

1.1 Problemstellung ............................................................ 7

1.2 Zielsetzung.................................................................... 8

2 Funktionsweisen von Blockheizkraftwerken ......................... 10

2.1 Miniblockheizkraftwerk mit Stirlingmotor............................ 13

2.2 Miniblockheizkraftwerk mit Brennstoffzelle ........................ 15

2.3 Miniblockheizkraftwerk mit Dampfmotor ............................ 16

2.4 Miniblockheizkraftwerk mit Gasturbinen ............................ 17

2.5 Miniblockheizkraftwerk mit Dampfturbine .......................... 18

2.6 Miniblockheizkraftwerk als Organic-Rankine-Cycle-Anlage............. 18

2.7 Miniblockheizkraftwerk mit Verbrennungsmotor .................. 19

3 Rahmenbedingungen für die Wirtschaftlichkeit von
Miniblockheizkraftwerken ................................................... 20

3.1 Technische Rahmenbedingungen ..................................... 20

3.2 Marktwirtschaftliche Rahmenbedingungen ......................... 23

3.3 Politische Einflussnahme und Förderprogramme für
Kraft-Wärme-Kopplung .................................................. 25

3.3.1 Das Kyoto-Protokoll ...................................................... 25

3.3.2 Der Zertifikatehandel für Kohlendioxid............................. 26

3.3.3 Erneuerbare-Energien-Gesetz......................................... 27

3.3.4 Kraft-Wärme-Kopplungsgesetz........................................ 27

3.3.5 Befreiung von der Strom- und Mineralölsteuer .................. 30

3.3.6 Förderung durch die KfW Bankengruppe .......................... 31

4 Wirtschaftlichkeit von Miniblockheizkraftwerken mit
Verbrennungsmotor ........................................................... 32

4.1 Fixe Kosten .................................................................. 33

4.2 Variable Kosten............................................................. 37

4.3 Break-even-point-Betrachtung ......................................... 39

4.4 Wirtschaftlichkeitsberechnung bei Vergütung nach dem
Baseload-Strompreis ...................................................... 41

4.4.1 Vergleich von Stromeigenverwendung zu Stromverkauf .............. 42

4.4.2 Konstruktion der Jahreslaufzeitkurve des Blockheizkraftwerks ..... 42

4.4.3 Ergebnisbetrachtung der Baseload-Stromvergütung.................... 48

4.5 Wirtschaftlichkeitsberechnung bei Vergütung nach dem durchschnittlichen Peakload-Strompreis............................................ 52

4.6 Wirtschaftlichkeitsberechnung bei Vergütung nach dem stundengenauen Peakload-Strompreis............................................. 55

4.7 Wirtschaftlichkeitsberechnung mit Vergütung für die Bereitstellung von Regelreserven .......................................................... 59

5 Zusammenfassung und Ausblick ........................................................ 61

# Abbildungs- und Tabellenverzeichnis

Abbildung 1:  Einsparung von Primärenergie durch Kraft-Wärme-
Kopplung............................................................. 11

Abbildung 2:  Elektrischer Wirkungsgrad von Erdgas- (Heiz-)
Kraftwerken im Leistungsbereich von 0,01 bis 1.000 MW.. 12

Abbildung 3:  Zusammensetzung des Strompreises für
Haushaltskunden................................................ 24

Abbildung 4:  Spezifische Richtpreise für Erdgas-Blockheizkraftwerke.... 34

Abbildung 5:  Kosten- und Erlösfunktion Blockheizkraftwerk.................... 40

Abbildung 6:  Kosten- und Erlösfunktion Blockheizkraftwerk mit
reduzierten Fixkosten .......................................... 41

Abbildung 7:  Durchschnittlicher Jahrestemperaturgang und benötigter
Raumwärmebedarf ............................................. 44

Abbildung 8:  Tagesgenaue Jahreslaufzeitkennlinie eines MINI-BHKW
von Sept. 2005 bis Okt. 2006 ............................. 46

Abbildung 9:  Tagesgenaue Jahreslaufzeitkennlinie eines MINI-BHKW
von Sept. 2005 bis Okt. 2006 bei Einsatz einer
elektrischen Zusatzheizung ................................. 47

Abbildung 10: Monatliche Erlöse nach Baseload-Stromvergütung............ 49

Abbildung 11: Monatliche Kosten .............................................. 50

Abbildung 12: Monatliches Ergebnis nach Baseload-Stromvergütung...... 51

Abbildung 13: Aufsummiertes Ergebnis nach Baseload-Stromvergütung. 51

Abbildung 14: Vergleich zwischen Peakload-Strompreis und
Baseload-Strompreis ........................................... 53

Abbildung 15: Vergleich von monatlichem Gewinn nach Peakload-
Strompreis zu Gewinn nach Baseload-Strompreis ............. 54

Abbildung 16: Vergleich von Gewinn nach Peakload-Strompreis zu
Gewinn nach Baseload-Strompreis ........................ 54

Abbildung 17: Täglicher Peakload-Stromverlauf im Jahresdurchschnitt ... 57

Abbildung 18: Vergleich von monatlichem Gewinn bei Einspeisung zu
Spitzenzeiten ..................................................... 58

Abbildung 19: Vergleich von monatlich aufsummiertem Gewinn bei
Einspeisung zu Spitzenzeiten.............................. 58

Tabelle 1:  Zuschlag zur Einspeisevergütung.................... 29

# Abkürzungs- und Symbolverzeichnis

| | |
|---|---|
| Baseload | Grundlast |
| BHKW | Blockheizkraftwerk |
| $CO_2$ | Kohlendioxid |
| EEG | Erneuerbare-Energien-Gesetz |
| EEX | Leipziger Strombörse (European Energy Exchange) |
| EVU | Energieversorgungsunternehmen |
| GuD-Kraftwerk | Gas- und Dampfturbinenkraftwerk |
| $H_i$ | Heizwert = Unterer Heizwert |
| $H_S$ | Brennwert = Oberer Heizwert (OHW) |
| J | Joule |
| $k_{Br}$ | Brennstoffkosten (relativ) |
| $K_{Br}$ | Brennstoffkosten (absolut) |
| $k_{Wart}$ | Wartungskosten (relativ) |
| $K_{Wart}$ | Wartungskosten (absolut) |
| KfW | Kreditanstalt für Wiederaufbau |
| kW | Kilowatt |
| kWh | Kilowattstunde |
| KWK | Kraft-Wärme-Kopplung |
| KWKG | Kraft-Wärme-Kopplungsgesetz |
| MCFC | Schmelzkarbonat-Brennstoffzelle (molten carbonate fuel cell) |
| Off-Peak | Nach-Spitzenlast (20 Uhr bis 8 Uhr) |
| $P_{elek}$ | elektrische Leistung |
| $P_{ges}$ | Gesamtleistung |
| $P_{th}$ | thermische Leistung |
| PAFC | Phosphorsaure Brennstoffzelle (phosphoric acid fuel cell) |
| Peakload | Spitzenlast (8 Uhr bis 20 Uhr) |
| PEFC | Polymer-Elektrolyt-Membran-Brennstoffzelle (polymer electrolyte fuel cell) |
| SOFC | Festoxid-Brennstoffzelle (solid oxide fuel cell) |
| TM | TM Tagesmitteltemperatur |

| | |
|---|---|
| VDEW | Verband der Elektrizitätswirtschaft |
| Ws | Wattsekunden |
| $\eta_{Heiz}$ | Wirkungsgrad einer Heizung mit Brenner |
| $\eta_{BHKW}$ | Gesamtwirkungsgrad Blockheizkraftwerk |
| $\eta_{BHKW\_th}$ | thermischer Wirkungsgrad |
| $\eta_{BHKW\_el}$ | elektrischer Wirkungsgrad |
| $\eta_{BHKW\_th\_norm}$ | normierter thermischer Wirkungsgrad |
| $\eta_{BHKW\_el\_norm}$ | normierter elektrischer Wirkungsgrad |

# 1 Einleitung

Angesichts einer zu erwartenden Energieverknappung und der Auswirkungen des Treibhauseffektes sind national und international energiepolitische Entscheidungen getroffen worden. Diese sind einerseits länderübergreifend. Das Kyoto-Protokoll ist hierbei besonders zu nennen. Andererseits sind auf nationaler Ebene Gesetze, wie in Deutschland das Kraft-Wärme-Kopplungsgesetz oder das Erneuerbare-Energien-Gesetz, beschlossen worden.

Durch das Kraft-Wärme-Kopplungsgesetz werden Blockheizkraftwerke gefördert. Diese produzieren Strom und Nutzwärme gleichzeitig und nutzen so die eingesetzten Energieträger effizient aus. Durch geeignete Maßnahmen kann die Wirtschaftlichkeit von kleinen Blockheizkraftwerken weiter optimiert werden. Das Augenmerk soll hierbei besonders auf der Kopplung an den Strompreis liegen.

## 1.1 Problemstellung

Die Versorgung mit Strom durch die Energieversorger muss auch bei dem Auftreten von Lastspitzen garantiert sein. Um dies sicherzustellen, sind von den Energieversorgern entsprechend hohe Kraftwerkskapazitäten bereitzuhalten. Die in den Lastspitzen zuzuschaltenden Kraftwerke müssen schnell hochzufahren sein. Hierfür kommen nur bestimmte Kraftwerkstypen in Frage. Diese Kraftwerke werden nur für kurze Zeit am Tag oder sogar nur an einigen Tagen im Jahr zugeschaltet. Diese Spitzenlastkraftwerke haben also relativ geringe Laufzeiten. Sie finanzieren sich über den Strompreis, wie alle anderen Kraftwerke auch. Hierdurch und durch den meist in Spitzenlastkraftwerken eingesetzten primären Energieträger Erdgas ist der so produzierte Strom verhältnismäßig teuer.

Durch die Entwicklung effektiverer Miniblockheizkraftwerke wird deren
Verwendung in Einfamilienhäusern, an Stelle einer gewöhnlichen Hei-
zungsanlage oder ergänzend zu dieser, immer vorteilhafter. Entsprechend
steigen die Zahlen bei den Installationen von Blockheizkraftwerken der
Größenordnung von 5 kW elektrischer Leistung. Durch das Kraft-Wärme-
Kopplungsgesetz wird dem Hauseigentümer die Abnahme des von ihm
produzierten Stromes garantiert. Dies hat für den Energieversorger den
Nachteil, dass der Strom gerade dann produziert wird, wenn die Heizung
anspringt. Dies geschieht aber in der Regel nicht in dem Zeitraum, in dem
Leistungsspitzen im Stromnetz abzudecken sind.

Der Strom aus diesen Miniblockheizkraftwerken steht, entsprechend seiner
Vergütung nach dem Grundlaststrompreis, in Konkurrenz zum Strom, der in
den Grundlastkraftwerken produziert wird. Diese Kraftwerke sind großteils
bereits abgeschrieben und liefern ihren Strom entsprechend günstig.

## 1.2  Zielsetzung

Den Beginn dieser Arbeit bildet die Beschreibung des Prinzips der Kraft-
Wärme-Kopplung. In diesem Zusammenhang wird auch auf den grundsätz-
lichen Vorteil der dezentralen Kraft-Wärme-Kopplung gegenüber der zent-
ralen Energieerzeugung eingegangen, der durch eine effizientere Ausnutzung der eingesetzten Primärenergieträger entsteht. Es folgt eine Erörte-
rung der verschiedenen technischen Verfahren der Kraft-Wärme-Kopplung
und der hieraus resultierenden verschiedenen Blockheizkraftwerkstypen.
Dabei werden Kenngrößen wie Wirkungsgrad, Stromkennzahl und sonstige
technische Eigenschaften verglichen. Entsprechend ergeben sich für die
verschiedenen Blockheizkraftwerkarten jeweils typische Einsatzfelder.

Es sind Gesetze und Förderprogramme aufgelegt worden, um die Kraft-
Wärme-Kopplung zu fördern. Diese werden in Bezug auf die Förderung der
Miniblockheizkraftwerke näher untersucht. Mit den hieraus resultierenden
garantierten Vergütungen folgt im weiteren Verlauf dieser Arbeit eine Wirtschaftlichkeitsberechnung. Zur Optimierung der Wirtschaftlichkeit von Miniblockheizkraftwerken werden verschiedene Szenarien der Stromvergütung

zu Grunde gelegt. Die erste Berechnung legt die derzeitige, gesetzlich garantierte, Stromvergütung nach dem Grundlaststrompreis zugrunde. In einer zweiten Rechnung wird unterstellt, dass die gesamte tägliche Stromproduktion auf die Zeit zwischen 8 Uhr und 20 Uhr verschoben wird. Während dieser Zeit kann der durchschnittliche Strompreis für Spitzenlaststrom angesetzt werden, durch den eine höhere Vergütung erzielt wird. Eine weitere Wirtschaftlichkeitsberechnung unterstellt eine Vergütung nach dem zur Zeit der Einspeisung aktuellen Strompreis. Es wird hierbei angenommen, dass die tägliche Laufzeit des Blockheizkraftwerks in dem Bereich der maximalen Stromvergütung stattfindet. Um eine repräsentative Aussage zu erhalten, wird diese Berechnung rückwirkend, über ein Jahr hinweg, durchgeführt. Hierzu wird stundengenau der Preis an der Leipziger Strombörse herangezogen. Die angenommenen täglichen Laufzeiten des Miniblockheizkraftwerks werden unter Berücksichtigung der jeweiligen täglichen Außentemperatur errechnet.

Mit den verschiedenen Wirtschaftlichkeitsberechnungen soll gezeigt werden, dass es ökonomisch sinnvoll ist, die Miniblockheizkraftwerke an den Spitzenbedarf des Stromnetzes bzw. den Strompreis zu koppeln. Bei dieser zeitlichen Optimierung besteht dann die Notwendigkeit, die gesetzliche Vergütung des eingespeisten Stromes entsprechend zu garantieren. Die Blockheizkraftwerke stehen somit weniger in Konkurrenz zu den Grundlastkraftwerken der Energieversorger, sondern eher zu den Spitzenlastkraftwerken.

## 2 Funktionsweisen von Blockheizkraftwerken

Die Funktionsweisen von Blockheizkraftwerken beruhen auf dem Prinzip der Kraft-Wärme-Kopplung. Als Kraft-Wärme-Kopplung bezeichnet man die gleichzeitige Erzeugung von Kraft, vornehmlich generatorisch direkt in Strom umgewandelt, und Wärme, die für technische Prozesse oder zu Heizzwecken genutzt wird. Durch die Kraft-Wärme-Kopplung wird eine höhere Ausnutzung der eingesetzten Primärenergie erzielt. Im Vergleich zur getrennten Erzeugung von Strom und Wärme wird Energie eingespart. In der nachfolgenden Grafik wird in einem Beispiel der Bedarf an Primärenergie für ein Blockheizkraftwerk in Relation zur getrennten Strom- und Wärmeproduktion gesetzt. Unter heutigen Bedingungen wird die Wärme in den privaten Haushalten mittels einer Heizung mit Brenner erzeugt. Aktuelle Heizungsanlagen mit Brennwerttechnik haben Wirkungsgrade von bis zu 91 %.[1] Der in privaten Haushalten verwendete Strom wird hauptsächlich von Großkraftwerken geliefert. Nach dem Stand von 2005 liegt der durchschnittliche Wirkungsgrad fossil befeuerter Kraftwerke bei 38 %.[2] Als Vergleichsanlage wird das für diese Arbeit herangezogene Blockheizkraftwerk angenommen. Dieses hat einen thermischen Wirkungsgrad von 61 %. Der elektrische Wirkungsgrad beläuft sich auf 27 %. Unter diesen Bedingungen kann durch Kraft-Wärme-Kopplung eine Einsparung von 28 % der eingesetzten Primärenergie erreicht werden.

---

[1] Für den Wirkungsgrad der Heizung wird eine Anlage nach heutigem Stand der Technik betrachtet, da im Folgenden auch die alternative Installation eines Blockheizkraftwerkes nach ebenfalls aktuellem Stand angenommen wird. Der durchschnittliche Wirkungsgrad der derzeit installierten Heizungen liegt aber unter 91 %.

[2] Quelle: Verband der Elektrizitätswirtschaft, VDEW-Pressekonferenz – Berlin – 14. November 2006, Zahlen und Fakten.

Abbildung 1: Einsparung von Primärenergie durch Kraft-Wärme-Kopplung

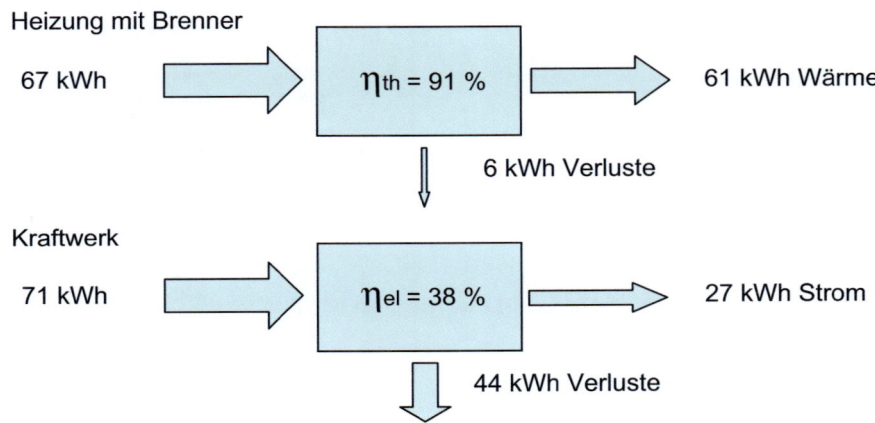

## Blockheizkraftwerk

BHKW

100 kWh $\quad\quad\quad$ $\eta_{th} = 61\ \%$ $\quad\quad$ 61 kWh Wärme

$\eta_{el} = 27\ \%$ $\quad\quad$ 27 kWh Strom

12 kWh Verluste

## Heizung mit Brenner + Kraftwerk

Heizung mit Brenner

67 kWh $\quad\quad\quad$ $\eta_{th} = 91\ \%$ $\quad\quad$ 61 kWh Wärme

6 kWh Verluste

Kraftwerk

71 kWh $\quad\quad\quad$ $\eta_{el} = 38\ \%$ $\quad\quad$ 27 kWh Strom

44 kWh Verluste

## Energieeinsparung: 28 %

Quelle: Eigene Darstellung

Kraft-Wärme-Kopplungsanlagen gibt es mit Leistungen ab 1 kW bis hin zu mehreren hundert MW Leistung. Die geforderte Anlagengröße ist maßgeblich mitentscheidend, welches Verfahren der Kraft-Wärme-Kopplung wirtschaftlich eingesetzt werden kann. Nachstehend ist der elektrische Wirkungsgrad verschiedener Erdgaskraftwerke in Kraft-Wärme-Kopplungstechnik über die Kraftwerksgröße hinweg angegeben. Zu beachten ist hierbei, dass verschiedene Kraftwerkstypen erst ab einer Mindestanlagengröße Anwendung finden. Für erdgasbetriebene Miniblockheizkraftwerke in der Größenordnung von 10 kW elektrischer Leistung kommen nur Gasmotoren und Niedrigtemperatur-Brennstoffzellen (Polymer-Elektrolyt-Membran-Zellen) in Betracht.

Abbildung 2: Elektrischer Wirkungsgrad von Erdgas- (Heiz-) Kraftwerken im Leistungsbereich von 0,01 bis 1.000 MW

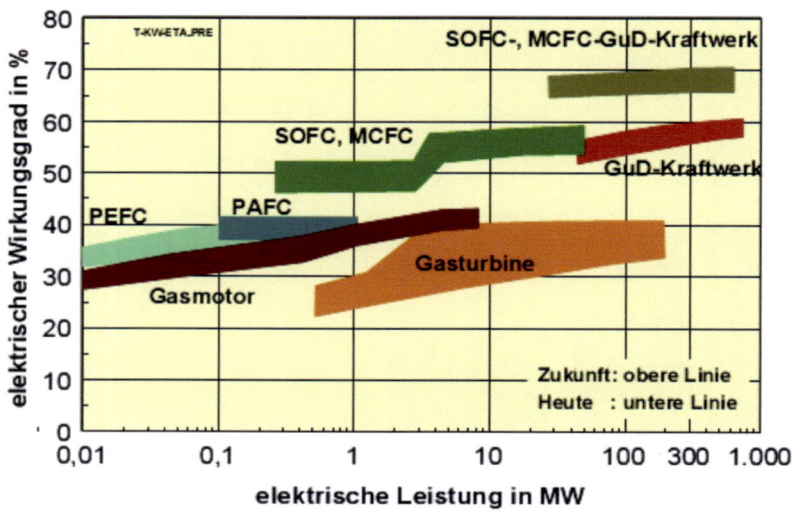

Quelle: Pehnt, M., Nitsch, J.: Einsatzfelder und Marktchancen von Brennstoffzellen in der industriellen und öffentlichen Kraft-Wärme-Kopplung, Deutsches Zentrum für Luft- und Raumfahrt e. V., S. 3

Legende:

PEFC = Polymer-Elektrolyt-Membran-Zelle (polymer electrolyte fuel cell), Bauart einer Niedrigtemperatur-Brennstoffzelle

PAFC = Phosphorsaure Brennstoffzelle (phosphoric acid fuel cell), Bauart einer Brennstoffzelle mit einer Betriebstemperatur von 135 °C bis 200 °C

SOFC = Festoxid-Brennstoffzelle (solid oxide fuel cell), Bauart einer Hochtemperatur-Brennstoffzelle mit einer Betriebstemperatur von 800 °C bis 1.000 °C

MCFC = Schmelzkarbonat-Brennstoffzelle (molten carbonate fuel cell), eine Hochtemperatur-Brennstoffzelle mit einer Betriebstemperatur um die 650 °C

GuD-Kraftwerk = Gas- und Dampfturbinenkraftwerk

Im Folgenden sind die gängigsten Typen von Blockheizkraftwerken beschrieben. Insbesondere wird auf die Kraft-Wärme-Kopplungsverfahren eingegangen, die sich für kleine Blockheizkraftwerksanlagen eignen. Der

Vollständigkeit halber werden aber alle nach dem Gesetz als Kraft-Wärme-Kopplungsanlagen anerkannte Verfahren aufgeführt.[3]

## 2.1 Miniblockheizkraftwerk mit Stirlingmotor

Bei diesem Typ von Blockheizkraftwerk wird der Strom in einem Generator erzeugt, der von einem Stirlingmotor angetrieben wird. Ein Stirlingmotor, er wird auch als Heißgasmotor bezeichnet, ist eine Wärmekraftmaschine, bei der ein Gas durch Erwärmung und Abkühlung zyklisch komprimiert und expandiert wird. Das Gas bewegt dabei einen Kolben und setzt Volumen-änderungsarbeit in mechanische Arbeit um. Dieses Arbeitsgas befindet sich in einem geschlossenen System und wird nicht, wie im Verbren-nungsmotor, zyklisch ausgetauscht. Die Energiezufuhr erfolgt bei dem Stir-lingmotor durch eine externe Wärmequelle. Dies kann beispielsweise eine externe Brennkammer am Motor sein. In einer Brennkammer verbrennt Kraftstoff besser als in einem Verbrennungsmotor mit innen liegender Verbrennung. Die konstante Verbrennungstemperatur, bei gleichbleiben-dem Druck, hält den Schadstoffausstoß niedrig. Die Verbrennung ist ent-sprechend umweltschonend. Stirlingmotoren sind geräuscharm, da sie kei-ne Explosions- und Abgasgeräusche erzeugen wie herkömmliche Verbren-nungsmotoren. In einer Brennkammer können zudem auch feste Brennstof-fe eingesetzt werden. Dem Stirlingmotor eröffnen sich durch den möglichen Vielstoffeinsatz auch bisher nicht genutzte Energiequellen, wie die Müll-verbrennung und die Verbrennung von Biomasse. Durch die externe Wär-mezufuhr und durch den vergleichsweise einfachen technischen Aufbau ergibt sich für diesen Motortyp eine relativ hohe Lebensdauer bei gleichzei-tig nur geringem Wartungsaufwand. Zum Teil sind diese Motoren sogar wartungsfrei. Bei mit Stirlingmotor betriebenen Blockheizkraftwerken entfällt die Wartung in erster Linie auf die Wartung der Brennkammer. Der theore-tisch erreichbare Wirkungsgrad eines Stirlingmotors wird durch den Carnot-

---

[3] Nach dem Kraft-Wärmekopplungsgesetz § 3 Absatz 2 sind Kraft-Wärme-Kopplungsanlagen Dampfturbinen-Anlagen, Gasturbinen-Anlagen, Verbrennungs-motor-Anlagen, Stirlingmotoren, Dampfmotoren-Anlagen, ORC (Organic Rankine Cycle)-Anlagen und Brennstoffzellen-Anlagen, sofern in ihnen Strom und Nutz-wärme produziert werden.

Prozess[4] vorgegeben. Er beschreibt den idealen thermodynamischen Kreisprozess einer Kraftwärmemaschine. Der Carnot-Wirkungsgrad ist tendenziell höher als der Wirkungsgrad von Verbrennungsmotoren, wobei die Prozesstemperatur einen maßgeblichen Einfluss auf den Wirkungsgrad hat. Bei Prozesstemperaturen von 1.400 °C, wie bei Gas- und Dampfturbinenkraftwerken, liegt der maximal mögliche Carnot-Wirkungsgrad bei über 80 %. Bei Prozesstemperaturen von nur 100 °C, wie sie in Heizungsanlagen relevant sind, sinkt der maximal mögliche Carnot-Wirkungsgrad auf ca. 25 %. Der technische Stand von Stirlingmotoren, die in Miniblockheizkraftwerken eingesetzt werden, ist aber von dem idealen thermodynamischen Kreisprozess noch so weit entfernt, dass die elektrischen Wirkungsgrade von derzeit verfügbaren Blockheizkraftwerken mit Stirlingmotor denen von Blockheizkraftwerken mit Verbrennungsmotor nachstehen. Es gibt mit Stirlingmotoren betriebene Blockheizkraftwerke mit elektrischen Wirkungsgraden von bis zu 24 %. Die am Markt verfügbaren Typen haben in der Regel aber nur elektrische Wirkungsgrade von ca. zehn Prozent.

Der Gesamtwirkungsgrad der meisten Blockheizkraftwerkstypen liegt um die 90 %, jedoch ist der Anteil des elektrischen Wirkungsgrades ausschlaggebend für den Einsatz eines Blockheizkraftwerks. Der elektrische Wirkungsgrad ist maßgeblich, da die Mehrkosten eines Miniblockheizkraftwerkes gegenüber einer Heizung mit Brenner durch den Stromerlös finanziert werden müssen.

Eine typische Bauart eines Miniblockheizkraftwerkes mit Stirlingmotor ist die Kombination eines Stirlingmotors in Bauart eines Freikolbenmotors mit einem Linear-Generator. Die Anschaffungskosten eines mit einem Stirlingmotor betriebenen Miniblockheizkraftwerks liegen höher als die eines Blockheizkraftwerks mit Verbrennungsmotor. Die Wartungskosten sind hingegen geringer.

---

[4] Der Carnot-Prozess beschreibt den idealen thermodynamischen Kreisprozess. Das Arbeitsmedium ist ein Gas, welches abwechselnd Wärme aufnimmt und abgibt. Das Medium wird hierzu abwechselnd mit der Temperaturquelle und Temperatursenke in Kontakt gebracht. Es wird unter Zuführung mechanischer Arbeit verdichtet und unter Abgabe mechanischer Arbeit expandiert es wieder. Die Differenz zwischen aufgenommener und abgegebener thermischer Wärmemenge entspricht der abgegebenen mechanischen Arbeit.

## 2.2 Miniblockheizkraftwerk mit Brennstoffzelle

Bei dieser Bauart eines Blockheizkraftwerkes wird der Strom durch Umwandlung des gasförmigen Energieträgers in einer Brennstoffzelle erzeugt. Der Brennstoffzelle werden Wasserstoff und Sauerstoff zugeführt. Bei der Verwendung von kohlenstoffhaltigen Brennstoffen, wie zum Beispiel Erdgas, muss der Wasserstoff zuvor aus dem Brennstoff isoliert werden. Bei diesem Umwandlungsprozess entsteht neben Wasserstoff auch Kohlendioxid. Abgesehen davon, dass das Kohlendioxid als Klimagas wirkt, fallen bei der Brennstoffzelle keine sonstigen Schadstoffe an. Das Miniblockheizkraftwerk mit Brennstoffzelle ist aus diesem Grund auch das umweltfreundlichste. Die Energie wird durch eine kontrollierte elektrochemische Reaktion von Wasserstoff und Sauerstoff freigesetzt. Die sonst übliche Verbrennung findet nicht statt. Die Energie steht damit zum einen Teil direkt als elektrischer Strom zur Verfügung. Der andere Teil der Energie wird als Abwärme von der Brennstoffzelle abgegeben. Es entfällt der Umweg über die Umwandlung des Energieträgers durch Verbrennung in kinetische Energie, die erst noch generatorisch in elektrischen Strom umgewandelt werden muss. Entsprechend gibt es bei der Brennstoffzelle auch keine beweglichen Komponenten, wie im motorbetriebenem Blockheizkraftwerk, die verschleißen und ausfallen können. Ebenso existiert für die Brennstoffzelle keine Begrenzung des elektrischen Wirkungsgrades durch den Carnot-Prozess. Die elektrischen Wirkungsgrade von Brennstoffzellen-Blockheizkraftwerken liegen höher als die von motorbetriebenen Blockheizkraftwerken. Je nach Brennstoffzellentechnologie liegen sie bei 35 % bis 60 %. Die eingesetzten Brennstoffzellentypen in Miniblockheizkraftwerken sind meist Niedertemperaturbrennstoffzellen. Dies sind in der Regel Polymer-Elektrolyt-Membran-Zellen. Diese Brennstoffzellen arbeiten bei Temperaturniveaus von 60 bis 80 Grad Celsius, welche direkt für Heizungsanlagen verwendet werden können. Hochtemperaturbrennstoffzellen sind für Kleinstanlagen hingegen eher ungeeignet, werden aber bei größeren Anlagen favorisiert. Besonders dann, wenn die Abwärme, zum Beispiel als Prozesswärme oder für nachgeschaltete Gasturbinen, Verwendung findet.

Ein Blockheizkraftwerk, basierend auf der Brennstoffzellentechnologie, kann, bei gleich bleibendem beziehungsweise leicht steigendem elektrischen Wirkungsgrad, problemlos unter Teillast gefahren werden. Bei mit Verbrennungsmotor betriebenen Blockheizkraftwerken wird der Betrieb unter Nennleistung favorisiert, da im Teillastbetrieb der elektrische Wirkungsgrad sinkt. Wird nur Teillast benötigt, werden diese Anlagen im Aussetzbetrieb gefahren.

Die Brennstoffzellentechnologie konnte sich bisher noch nicht am Markt durchsetzen, da die Lebensdauer der Brennstoffzellen im Niedertemperaturbereich noch zu gering ist. Zurzeit müssen Brennstoffzellen nach etwa fünf Jahren ersetzt werden. Erst wenn Mindestlaufzeiten von ca. 40.000 Betriebsstunden erreicht werden, wird von einer ausreichenden Rentabilität ausgegangen. Auch die Brennstoffzellen selbst sind noch zu teuer und stellen die Wirtschaftlichkeit des Blockheizkraftwerkes in Frage. Der Preis der Brennstoffzellen-Blockheizkraftwerke übersteigt den der motorisch betriebenen Blockheizkraftwerke noch um das 2,5 bis 20-Fache[5]. Langfristige Anwendungserfahrungen gibt es in Deutschland nur bei größeren Blockheizkraftwerken, die mit Hochtemperaturzellen betrieben werden. Kleine Blockheizkraftwerke mit Brennstoffzellen, auf Basis von Polymer-Elektrolyt-Membran-Zellen, werden erst von wenigen Firmen angeboten. Entsprechend kann eine Wirtschaftlichkeitsberechnung über die Nutzungsdauer hinweg nur theoretisch betrachtet werden.

## 2.3 Miniblockheizkraftwerk mit Dampfmotor

Bei dem Blockheizkraftwerk auf Basis eines Dampfmotors wird Wasserdampf als Arbeitsmittel benutzt. Der Motor ist vom Prinzip her eine Dampfmaschine mit Ventilsteuerung. In der Bauart als Rotationskolben-Expansionsmaschine erreicht er Drehzahlen von bis zu 1500 U/min und ist damit zum Direktantrieb eines Generators für den Netzparallelbetrieb geeignet.

---

[5] Vgl. Pehnt, M., Traube, K.: Zwischen Euphorie und Ernüchterung – Stand und mittelfristige Perspektiven stationärer Brennstoffzellen, Bundesverband Kraft-Wärme-Kopplung e. V., Berlin Okt 2004, S. 2.

Das zum Antrieb benutzte Wasser befindet sich im Idealfall in einem geschlossenen Kreislauf. Wasser wird erhitzt und nimmt Energie auf. Der entstehende Wasserdampf treibt den Dampfmotor an, der wiederum mit dem Generator zur Stromerzeugung gekoppelt ist. Im Motor entspannt sich der Wasserdampf und kühlt ab. Nach Verflüssigung des Restdampfes in einem Kondensator wird das Wasser wieder an den Anfang des Kreislaufes gepumpt.

Die Erzeugung des Wasserdampfes kann durch den Einsatz verschiedener Brennstoffe erfolgen. Dies liegt an der externen Brennkammer[6] des Dampfmotors, die für verschiedene Arten von Brennstoffen ausgelegt werden kann. Der mechanische Wirkungsgrad des Dampfmotors ist ähnlich dem eines Dieselmotors. In entsprechender Baugröße ist der Dampfmotor für ein Miniblockheizkraftwerk geeignet. Am Markt sind aber nur wenige Hersteller vertreten. Beispielsweise bietet die Firma Spilling Dampfmotore von 25 kW bis zu 1.500 kW Leistung an.

## 2.4 Miniblockheizkraftwerk mit Gasturbinen

Diese Bauart von Miniblockheizkraftwerk verwendet zur Auskopplung von kinetischer Energie eine Gasturbine. Die Bauart entspricht vom Prinzip her der einer Flugzeugturbine, die Energie wird jedoch nicht für den Rückstoß verwendet, sondern von der Turbinenwelle auf einen Generator zur Stromproduktion übertragen. Durch Auskopplung der Abwärme der Abgase in einem Wärmetauscher ist die Kraftwärmekopplung gegeben. Die Gasturbine ist für größere Anlagen sinnvoll. Bei Anlagen in der Größenordnung um 20 MW ergibt sich ein elektrischer Wirkungsgrad von 25 % bis 35 %.[7] Für den Einsatz in Blockheizkraftwerken eignen sich sogenannte Mikroturbinen. Bei diesen Anlagengrößen, die zwischen 30 kW und 300 kW elektrischer Leistung liegen, ergeben sich aber nur noch elektrische Wirkungsgrade von

---

[6] Die Beschreibung einer externen Brennkammer erfolgt in Kapitel 2.1, Miniblockheizkraftwerk mit Stirlingmotor.

[7] Energytech.at: Technologieportrait Kraft-Wärme-Kopplung, Wien, Mai 2002, S. 18.

15 % bis 25 %.[8] Zudem liegt die thermische Leistung über der, die für ein Miniblockheizkraftwerk benötigt wird. Anbieter für Miniblockheizkraftwerke im Leistungsbereich von 25 kW Gesamtleistung sind derzeit nicht am Markt vertreten.

## 2.5 Miniblockheizkraftwerk mit Dampfturbine

Die Dampfturbine ist ähnlich aufgebaut wie die Gasturbine. Allerdings findet in der Turbine keine Verbrennung statt, sondern sie wird zum Antrieb mit Wasserdampf durchströmt. Die Erzeugung des Wasserdampfes erfolgt in einer externen Brennkammer, so dass der Einsatz einer Vielzahl von Energieträgern möglich ist. Dem Funktionsprinzip liegt der thermodynamische Kreisprozess zu Grunde.[9]

Unter das Kraft-Wärme-Kopplungsgesetz fallen Anlagen mit bis zu 2 MW Leistung, die mit einer Dampfturbine betrieben werden. Allerdings sind für den Leistungsbereich von ca. 25 kW keine Dampfturbinenanlagen verfügbar und derzeit für die Anwendung als Miniblockheizkraftwerk nicht relevant.

## 2.6 Miniblockheizkraftwerk als Organic-Rankine-Cycle-Anlage

Organic-Rankine-Cycle-Anlagen entsprechen vom Prinzip her Dampfturbinenanlagen. Als Arbeitsmedium werden allerdings andere Flüssigkeiten als Wasser eingesetzt. Die verwendeten Flüssigkeiten besitzen niedrigere Verdampfungstemperaturen als Wasser. Durch die niedrigere Verdampfungstemperatur können Wärmequellen mit geringerer Temperaturdifferenz zwischen Temperaturquelle und Temperatursenke genutzt werden, die für Dampfturbinen mit Wasserdampf nicht nutzbar sind. Organic-Rankine-

---

[8] Energytech.at: Technologieportrait Kraft-Wärme-Kopplung, Wien, Mai 2002, S. 24.

[9] Siehe auch die Beschreibug des thermodynamischen Kreisprozesses im Kapitel 2.3, Miniblockheizkraftwerk mit Dampfmotor.

Cycle-Anlagen finden bei der Ausnutzung der Geothermie, bei Meeres-
wärmekraftwerken und bei der Kraft-Wärme-Kopplung Anwendung.
Organic-Rankine-Cycle-Anlagen sind vom Gesetzgeber wie die Dampfturbinenanlagen als förderfähige Anlagen der Kraft-Wärme-Kopplung aner-
kannt. Anlagen in der Größenordnung von 25 kW, um als Miniblockheizkraftwerk Verwendung zu finden, sind aber nicht bekannt.

## 2.7   Miniblockheizkraftwerk mit Verbrennungsmotor

Blockheizkraftwerke mit Verbrennungsmotor gibt es entsprechend der verfügbaren Motorengrößen in einem Leistungsbereich von 1 kW bis zu
20.000 kW Leistung. Kraft-Wärme-Kopplungsanlagen auf Basis des
Verbrennungsmotors sind Stand der Technik und am Markt der überwiegend erhältliche Bautyp. Dies liegt unter anderem daran, dass die Verbren-
nungsmotore weitgehend denen aus dem Automobilbau entsprechen und
ausgereift sind. Je nach Energieträger, Gas oder Öl, werden Ottomotore
oder Dieselmotore eingesetzt. Das Miniblockheizkraftwerk mit Verbrennungsmotor hat eine geringere Stromkennzahl, das Verhältnis von elektrischem zu thermischem Wirkungsgrad, als Anlagen mit Brennstoffzelle.
Bezüglich der Stromeffizienz ist es diesen Anlagen unterlegen. Da Brennstoffzellen im Niedrigtemperaturbereich aber noch zu kurzlebig und zu teuer sind, sind Anlagen mit Brennstoffzellen für kleine Blockheizkraftwerke
kaum am Markt vertreten. Das Miniblockheizkraftwerk mit Verbrennungsmotor ist technisch ausgereifter und hat sich am Markt bereits etabliert, so
dass es auch für die weiteren Berechnungen in dieser Arbeit herangezogen
wird. Sämtliche anderen zuvor beschriebenen förderfähigen Kraft-Wärme-
Kopplungsanlagen sind für Miniblockheizkraftwerke ungeeignet oder zurzeit
nur als Nischenprodukte zu betrachten. Die folgende Wirtschaftlichkeitsberechnung mit dem Ziel der Optimierung der Stromvergütung lässt sich aber
parallel auch für alle anderen Blockheizkraftwerkstypen durchführen.

# 3 Rahmenbedingungen für die Wirtschaftlichkeit von Miniblockheizkraftwerken

Die Wirtschaftlichkeit von Miniblockheizkraftwerken hängt von verschiedenen Rahmenbedingungen ab, auf die im Folgenden jeweils näher eingegangen wird. Die Rahmenbedingungen sind zum einen die technischen Eigenschaften dieser Kraftwerksarten. Als Weiteres kommen die marktwirtschaftlichen Gegebenheiten hinzu, die über die Wirtschaftlichkeit mitentscheiden. Die Wirtschaftlichkeit hängt aber auch von Rahmenbedingungen ab, die von der Politik gesetzt werden und energie- und umweltpolitische Ziele beinhalten. Diese Bedingungen stellen sich in entsprechenden Gesetzestexten und Förderprogrammen dar. Das von der Politik verfolgte Ziel ist der schnellere Wechsel auf eine Ressourcen schonende Energieverwendung, einhergehend mit der Reduzierung von Schadstoffemissionen.

## 3.1 Technische Rahmenbedingungen

Blockheizkraftwerke können durch ihre kleine Baugröße dort errichtet werden, wo die von ihnen produzierte Wärme als Prozesswärme oder Heizwärme benötigt wird. Dies kann in Wohngebieten der Fall sein. Man spricht dann von der sogenannten Nahwärme. Miniblockheizkraftwerke werden in Wohngebäuden selbst installiert und minimieren so thermische Übertragungsverluste. Großkraftwerke haben nicht die Möglichkeit, die anfallende Wärme als Nahwärme oder Fernwärme nutzbar zu machen. Sie sind in der Regel zu weit von möglichen Abnehmern entfernt und müssen die anfallende Wärme als Abwärme an die Umwelt abgeben.

Ein mit Erdgas betriebenes Blockheizkraftwerk ist aufgrund des Verbrauchs von fossilen Energieträgern ökologisch den regenerativen Energiequellen nachzuordnen. Der Anteil der Elektrizität aus regenerativen Energiequellen am Bruttostromverbrauch beträgt in Deutschland aber nur ca. 10 %. Auch wenn alle politischen Ziele erreicht werden und dieser Anteil zum Erreichen der geplanten $CO_2$-Einsparung noch steigt, so werden regenerative Energiequellen doch nur einen Teil des Gesamtenergiebedarfs decken können. Betrachtet man hierzu im Vergleich die restlichen 90 % der Stromproduktion, die maßgeblich von Großkraftwerken gedeckt wird, deren elektrische Wirkungsgrade bis zu 40 % bei Kohlekraftwerken und bis zu 60 % bei Gas- und Dampfturbinenkraftwerken betragen, so erkennt man, dass die Hälfte der eingesetzten primären Energie bei der Umwandlung in sekundäre Nutzenergie ungenutzt verloren geht. Sekundäre Energie in Form von Nutzwärme bleibt bei dieser Betrachtung unberücksichtigt, da die Umwandlung der Primärenergie in Prozesswärme und Heizwärme auch in kleinen Anlagen bereits mit einem hohen Wirkungsgrad erfolgt.

Ein Miniblockheizkraftwerk, welches an Stelle einer Heizung mit Brenner in einem Haus installiert ist, hat hingegen einen Gesamtwirkungsgrad von bis zu 89 %. Also einen ähnlich guten Wirkungsgrad wie eine rein thermische Heizung. Diese erreichen Wirkungsgrade von 91 %. Um die Vergleichbarkeit zwischen Heizung und Blockheizkraftwerk herzustellen, wird unterstellt, dass bei dem Blockheizkraftwerk der Anteil der eingesetzten Energie, die auf das Heizen entfällt, mit dem gleichen Wirkungsgrad umgesetzt wird wie in der Heizung, also ebenfalls mit 91 %. Unter Berücksichtigung des Verhältnisses von elektrischer zu thermischer Leistung und dem Gesamtwirkungsgrad des Blockheizkraftwerks von 89 % lässt sich der theoretische Wirkungsgrad für die anteilige Stromproduktion errechnen. Dieser wird im Weiteren als der normierte elektrische Wirkungsgrad bezeichnet.

Wirkungsgrad Heizung:

$$\eta_{Heiz} = 91\,\%$$

Wirkungsgrad Blockheizkraftwerk:

$$\eta_{BHKW} = 89\,\%$$

Die Standarddarstellung des Wirkungsgrades eines Blockheizkraftwerks ergibt sich aus der Addition des thermischen und des elektrischen Wirkungsgrades.

$$\eta_{BHKW} = \eta_{BHKW\_th} + \eta_{BHKW\_el}$$

Unterstellt man unterschiedliche thermische und elektrische Wirkungsgrade, bezogen auf die jeweils abgegebene thermische und elektrische Leistung, so dürfen nur die Verhältnisse von Leistungen zu Wirkungsgraden addiert werden. Als Ergebnis ergibt sich das Verhältnis von Gesamtleistung zu Gesamtwirkungsgrad.

$$P_{ges} / \eta_{BHKW} = \left( P_{th} / \eta_{BHKW\_th\_norm} \right) + \left( P_{elek} / \eta_{BHKW\_el\_norm} \right)$$

Um die Vergleichbarkeit von Blockheizkraftwerk und Heizung mit Brenner herzustellen, wird nun der Wirkungsgrad der Heizung mit dem thermischen Wirkungsgrad des Blockheizkraftwerkes gleichgesetzt. Bei bekanntem Gesamtwirkungsgrad des Blockheizkraftwerkes von 89 % ergibt sich für den auf die Stromproduktion entfallenden normierten Wirkungsgrad ein Betrag von 85 %.[10]

Die eingesetzte Primärenergie für die Stromproduktion wird mit einem Wirkungsgrad von bis zu 85 % in Strom umgewandelt. Großkraftwerke haben durchschnittlich einen elektrischen Wirkungsgrad von ca. 40 %. Dieser Wirkungsgrad stellt bei Großkraftwerken gleichzeitig den Gesamtwirkungsgrad dar, da bei ihnen die Abwärme nicht nutzbar ist.

Der technische Vorteil des Miniblockheizkraftwerkes liegt in dem doppelt so hohen Wirkungsgrad für die Stromproduktion. Es benötigt zur Erzeugung einer bestimmten Menge elektrischer Energie nur die Hälfte der Primärenergie, die ein Großkraftwerk benötigt. Entsprechend geringer fallen die Kosten für den Brennstoff aus, eine gleiche Preisstruktur für Primärenergie vorausgesetzt.

---

[10] Das für diese Arbeit herangezogene Blockheizkraftwerk hat einen Gesamtwirkungsgrad von 88 %, so dass sich der normierte elektrische Wirkungsgrad auf 82 % beläuft.

## 3.2 Marktwirtschaftliche Rahmenbedingungen

Für die Betreiber von Miniblockheizkraftwerken gelten nur beschränkt marktwirtschaftliche Bedingungen. Es fehlt ihnen die Möglichkeit, den erzeugten Strom selbst am Strommarkt zu realistischen Bedingungen verkaufen zu können. Selbst die Einspeisung in das öffentliche Stromnetz war bis zur Einführung des Stromeinspeisungsgesetzes von 1991 nicht garantiert und wurde von den Netzbetreibern nach Möglichkeit unterbunden. Erst seit August 2004 ist eine Mindeststromvergütung anhand des Marktpreises gegeben. Der für die Vergütung geltende übliche Preis wurde ab diesem Zeitpunkt an den Börsenpreis gekoppelt. Der Strom muss nun von dem regionalen Stromerzeuger mindestens nach dem Baseload-Strompreis vergütet werden, der im vorangegangenen Quartal an der Leipziger Strombörse, der European Energy Exchange, durchschnittlich gezahlt wurde. Der im Blockheizkraftwerk produzierte Strom ist allerdings höherwertiger als Baseload-Strom, da er überwiegend tagsüber produziert wird. In dieser Zeit wäre eine Vergütung nach dem Peakload-Strompreis angemessen.

Die direkte Teilnahme an der European Energy Exchange bleibt dem Betreiber des Mini-Blockheizkraftwerks immer noch versagt, da er mit seiner Anlage nicht die Mindestkontingentgröße an Strom liefern kann. Die kleinste handelbare Einheit ist der sogenannte Stundenkontrakt, bei dem über eine Stunde hinweg die konstante Leistung von 0,1 MW elektrische Leistung zu liefern ist.

Die in Kapitel 3.1 beschriebenen Kosten für den Brennstoff zur Stromproduktion sind nur halb so hoch wie die für die Großkraftwerke, gleiche Brennstoffpreise vorausgesetzt. Steigende Energiepreise unterstützen hierbei die Wirtschaftlichkeit der Blockheizkraftwerke. Steigt der Primärenergiepreis, so gerät der Kraftwerksbetreiber unter einen höheren Preisdruck als der Betreiber des Blockheizkraftwerkes. Der Kraftwerksbetreiber muss die doppelte Preiserhöhung auf die gleiche Menge an elektrischer Energie umlegen wie der Blockheizkraftwerksbetreiber, dessen Anlage einen doppelt so hohen Wirkungsgrad aufweist.

Über die Hälfte der Großkraftwerke werden mit Kohle betrieben. Kohle ist preiswerter als Erdgas. Erdgas unterliegt der Koppelung an den Ölpreis. Da dieser in den letzten Jahren stark gestiegen ist, sind auch die Erdgaspreise angestiegen. Der Blockheizkraftwerksbetreiber betreibt seine Anlage entweder mit Öl oder Erdgas. Der Betrieb mit Kohle ist ausgeschlossen. Entsprechend sind für ihn die Brennstoffkosten höher als für die Netzbetreiber, die einen Großteil ihrer Kraftwerke mit preiswerteren Brennstoffen betreiben können.

Der Strompreis für Strom aus Großkraftwerken setzt sich aus verschiedenen Komponenten zusammen. Einen bedeutenden Kostenfaktor bilden die Kosten für die Stromdurchleitung, die Netzentgelte, siehe auch Abbildung 3. Für dezentral erzeugten Strom entfallen Durchleitungsgebühren für übergeordnete Netzebenen. Der Strom aus Blockheizkraftwerken wird entsprechend mit geringeren Netzdurchleitungsgebühren belastet werden.

Abbildung 3: Zusammensetzung des Strompreises für Haushaltskunden

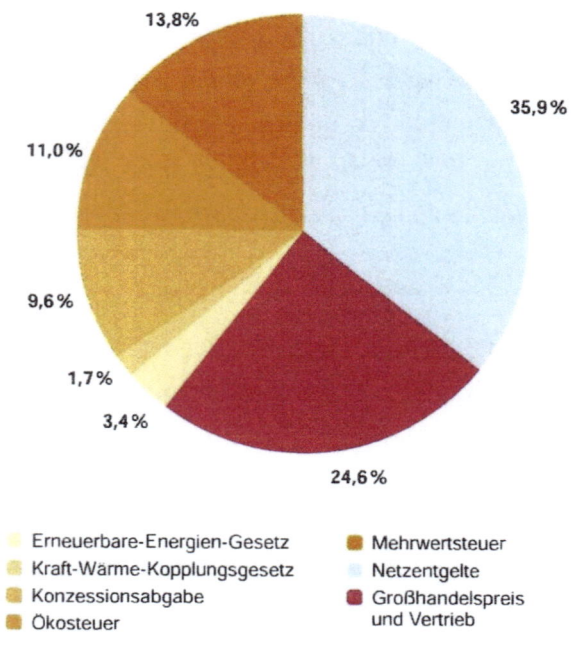

Quelle: VDEW, Stand 2005

Die marktwirtschaftlichen Rahmenbedingungen werden aber noch durch Steuern beeinflusst. Diese beruhen auf politischen Vorgaben und werden für Strom aus Kraft-Wärme-Kopplungsanlagen und für herkömmlich produzierten Strom in zum Teil unterschiedlichem Umfang erhoben. Für herkömmlich erzeugten Strom stellt der Steueranteil den größten Kostenfaktor dar, vgl. Abbildung 3.

## 3.3 Politische Einflussnahme und Förderprogramme für Kraft-Wärme-Kopplung

Die politische Einflussnahme auf die Energiewirtschaft in Deutschland beruht großteils auf der deutschen Klimaschutzpolitik. Diese greift auf das Rahmenübereinkommen der Vereinten Nationen über Klimaänderungen (UNFCCC) zurück. Dieses Übereinkommen wurde 1992 verabschiedet und trat 1994 in Kraft. In ihm soll, auf internationaler Basis, dem Klimawandel entgegengewirkt werden. Alle Unterzeichnerstaaten der Klimarahmenkonvention treffen sich jährlich zu einem Weltklimagipfel. Dieser fand 1997 in Kyoto statt, wo auch das so genannte Kyoto-Protokoll entstand.

### 3.3.1 Das Kyoto-Protokoll

Das Kyoto-Protokoll ist ein Zusatzprotokoll zu dem Rahmenübereinkommen der Vereinten Nationen über Klimaänderungen. Es trat 2005 in Kraft, nachdem mindestens 55 Länder beigetreten waren, deren gemeinsamer Kohlendioxidausstoß im Jahr 1990 mindestens 55 % des weltweiten Ausstoßes betrug.

In dem Kyoto-Protokoll werden die zu verringernden Treibhausgase bestimmt und deren Reduzierung verbindlich festgelegt. Die zu reduzierenden Gase sind Kohlendioxid, Methan, Distickstoffoxid, teilhalogenierte Fluorkohlenwasserstoffe, perfluorierte Kohlenwasserstoffe und Schwefelhexafluorid. Deren Reduzierung soll weltweit bis zum Jahr 2012 durchschnittlich 5,2 %, bezogen auf das Jahr 1990, betragen. Auf Deutschland entfällt dabei eine geforderte Reduzierung von 21 %. Zu dem vom Menschen verursachten

Treibhausgaseffekt trägt das Kohlendioxid zu 64 % bei. Entsprechend wurde in einem ersten Schritt der Kohlendioxidausstoß reglementiert. Ein Instrument zur Durchsetzung der Kohlendioxidreduktion ist der im Kyoto-Protokoll verankerte Emissionsrechtehandel.

Für Deutschland wurde durch Abbau der schadstoffintensiven ostdeutschen Industrie bereits eine Reduzierung von ca. 20 % erreicht. Der bevorstehende Ausstieg aus der kohlendioxidfreien Kernenergie und deren Ersatz durch auf fossilen Energieträgern beruhende Kraftwerke, bei gleichzeitig steigendem Energiebedarf, steht aber dem Erreichen der Ziele entgegen.

### 3.3.2   Der Zertifikatehandel für Kohlendioxid

Die Reglementierung von Kohlendioxid bedeutet, dass Zertifikate für eine bestimmte Menge erlaubten Kohlendioxidausstoß verteilt werden. Diese Reglementierung gilt aber nur für Energieanlagen mit einer Feuerungswärmeleistung ab 20 Megawatt und andere energieintensive Industrieanlagen. Die ausgegebenen Zertifikate können national wie international gehandelt werden, wodurch sich ein börsennotierter Kurswert einstellt. In Deutschland wird dies im Treibhausgas-Emissionshandelsgesetz (TEHG) geregelt. Da diese Zertifikate kostenlos zugeteilt wurden, verteuern sie die Stromproduktion zunächst nicht.[11] Es wird lediglich ein höherer Konkurrenzdruck zwischen effektiveren und uneffektiveren Anlagen geschaffen. Die Miniblockheizkraftwerke können in diesem Punkt also nicht von einem möglichen höheren Strompreis profitieren. Allerdings zeichnet sich bereits ab, dass die Stromversorgungsunternehmen in großem Umfang alte, uneffektivere Kraftwerke, zumeist Kohlekraftwerke, gegen neuere austauschen wollen. Dies dürfte den Strompreis erhöhen, da Investitionen getätigt werden müssen. Der überwiegende Teil des Kraftwerksaltbestandes ist bereits abgeschrieben und kann entsprechend günstig produzieren. Ein durch die Investitionen zu erwartender, steigender Strompreis der Großkraftwerke

---

[11] Ein Teil der Energieversorgungsunternehmen legt die kostenlos zugeteilten Zertifikate allerdings doch auf den Strompreis um und verteuert diesen. Dem dadurch erzielten Gewinn steht keine Gegenleistung gegenüber, weshalb die kostenlose Zertifikatezuteilung umstritten ist.

wird also auch die Vergütung des Stromes aus den Miniblockheizkraftwerken erhöhen. Entsprechend verbessert sich auch die Wirtschaftlichkeit dieser Anlagen.

### 3.3.3   Erneuerbare-Energien-Gesetz

Das Erneuerbare-Energien-Gesetz (EEG) ist nur auf Blockheizkraftwerke, die mit erneuerbaren Energieträgern betrieben werden, anwendbar. Entsprechende Blockheizkraftwerke, die bereits nach dem Erneuerbare-Energien-Gesetz eine Förderung erhalten, können nicht zusätzlich durch das Kraft-Wärme-Kopplungsgesetz gefördert werden. Miniblockheizkraftwerke, die mit erneuerbaren Energieträgern betrieben werden, sollen aber aufgrund ihres derzeit geringeren Ausbaupotentiales gegenüber denen, die mit fossilen Rohstoffen betrieben werden, nicht weiter untersucht werden.

### 3.3.4   Kraft-Wärme-Kopplungsgesetz

Das Kraft-Wärme-Kopplungsgesetz (KWKG) ist für die Erhaltung, die Modernisierung und den Ausbau von Anlagen auf dem Prinzip der Kraft-Wärme-Kopplung entstanden. Nach § 1 Abs. 1 KWKG ist es die erklärte Zielsetzung des Gesetzes, die Kohlendioxid-Emissionen bis zum Jahr 2010 um mindestens 20 Millionen Tonnen, bezogen auf das Jahr 1998, zu senken. Das Kraft-Wärme-Kopplungsgesetz gilt ab dem 01.04.2002 und läuft, sofern keine Verlängerung erfolgt, am 31.12.2010 aus. Für kleine Anlagen bis 50 kW elektrischer Leistung und Brennstoffzellenanlagen gelten andere Fristen. Die Bezuschussung von Kraft-Wärme-Kopplungsanlagen im Sinne dieses Gesetzes wird durch Umlage auf den Strompreis finanziert und nicht durch Steuergelder subventioniert. Durch das Kraft-Wärme-Kopplungsgesetz verteuert sich der Strom insgesamt. Für Haushaltskunden entfallen 1,7 % des Strompreises auf die Umlage zur Kraft-Wärme-Kopplungsförderung, vgl. Abbildung 3.

**Vergütung**

Im § 4 KWKG ist der Anschluss von Kraft-Wärme-Kopplungsanlagen an das Netz der allgemeinen Versorgung geregelt sowie die Abnahme und die Vergütung des eingespeisten Stromes. Das Kraft-Wärme-Kopplungsgesetz wurde zwischenzeitlich geändert und es gilt jetzt als üblicher Preis der durchschnittliche Baseload-Strompreis, der an der Leipziger Strombörse im vorangegangenen Quartal gezahlt wurde, siehe auch Tabelle 2. Dieser übliche Preis ist immer dann von Bedeutung, wenn zwischen Blockheizkraftwerksbetreiber und dem Versorgungsunternehmen, an dessen Netz der Anschluss erfolgt, keine andere Vereinbarung über die Vergütung des eingespeisten Stromes zustande gekommen ist.

**Zuschlag**

Der Zuschlag zum eingespeisten Strom richtet sich nach dem Zeitpunkt der Inbetriebnahme, dem technischen Stand und der elektrischen Leistung der Anlage. Für Kraft-Wärme-Kopplungsanlagen mit bis zu 50 kW elektrischer Leistung sind dies 5,11 Cent/kWh. Dies schließt die Miniblockheizkraftwerke mit ein. Der Zuschlag wird ab Inbetriebnahme für zehn Jahre gewährt. Die Anlagen müssen den Dauerbetrieb bis zum 31.12.2008 aufgenommen haben, um zuschlagsberechtigt zu sein. Für vor dem 01.04.2002 in Betrieb genommene Anlagen gelten andere Regelungen. Die Höhe und Dauer des Zuschlags nach § 7 KWKG sind in Tabelle 1 dargestellt.

Tabelle 1: Zuschlag zur Einspeisevergütung

| Zuschlag zur sonst üblichen Einspeisevergütung in Ct/kWh | | | | | | | | | |
|---|---|---|---|---|---|---|---|---|---|
| Jahr | 2002 | 2003 | 2004 | 2005 | 2006 | 2007 | 2008 | 2009 | 2010 |
| alte Bestandsanlagen (bis zum 31.12.1989 in Betrieb genommen) | 1,53 | 1,53 | 1,38 | 1,38 | 0,97 | | | | |
| neue Bestandsanlagen (ab dem 01. Januar 1990 in Betrieb genommen) | 1,53 | 1,53 | 1,38 | 1,38 | 1,23 | 1,23 | 0,82 | 0,56 | |
| modernisierte alte Bestandsanlagen (Kosten der Erneuerung mindestens 50 % der Kosten einer Neuerrichtung, Modernisierung nach dem 01.01.02) | 1,74 | 1,74 | 1,74 | 1,69 | 1,69 | 1,64 | 1,64 | 1,59 | 1,59 |
| neue kleine KWK-Anlagen (Anlagen bis 2 MW el. Leistung, Inbetriebnahme nach dem 01.04.02) | 2,56 | 2,56 | 2,40 | 2,40 | 2,25 | 2,25 | 2,10 | 2,10 | 1,94 |
| neue Mini-KWK-Anlagen bis 50 kW_el, Inbetriebnahme zwischen dem 01.04.02 und dem 31.12.08 | **5,11 Cent/kWh für einen Zeitraum von 10 Jahren** ab Beginn des Dauerbetriebs | | | | | | | | |
| neue Brennstoffzellen, Inbetriebnahme zwischen dem 01.04.02 und dem 31.12.10 | **5,11 Cent/kWh für einen Zeitraum von 10 Jahren** ab Beginn des Dauerbetriebs | | | | | | | | |

Quelle: Glizie GmbH, Strom und Wärme, 2004, http://www.bhkws.de/kwk-gesetz.htm, 24. Jan. 2007

**Netzentgelte**

Betrachtet man Abbildung 3, so entfallen 36 % des Strompreises auf Kosten für die Netzdurchleitung. Diese Netzentgelte verteilen sich auf die verschiedenen Netzebenen. Dezentral erzeugter Strom benötigt die oberen Ebenen der Stromnetze nicht, da dieser Strom in der näheren Umgebung bereits wieder von anderen Verbrauchern aufgenommen wird. Nach § 4 Abs. 3 Satz 2 KWKG sind für den dezentral eingespeisten Strom die vermiedenen Nutzungsentgelte zu erstatten. Je nach Netzverbund liegen diese in einem Bereich von 0,4 bis 1,5 Cent/kWh.[12]

---

[12] Vgl.: Glizie GmbH, KWK-Gesetz, o. J., http://www.glizie.de/kwk-gesetz.htm, 24. Jan. 2007.

### 3.3.5 Befreiung von der Strom- und Mineralölsteuer

Das „Gesetz zum Einstieg in die ökologische Steuerreform" sowie das „Gesetz zur Fortführung der ökologischen Steuerreform" gewähren für Blockheizkraftwerke unter bestimmten Vorraussetzungen Vorteile bei der Mineralölsteuer und der Stromsteuer. Blockheizkraftwerke mit einem Nutzungsgrad von mindestens 60 % erhalten die, seit April 1999 erhobene, zusätzliche Mineralölsteuer zurück. Anlagen mit einem Mindestnutzungsgrad von 70 % erhalten die gesamte Mineralölsteuer zurückerstattet.[13] Die Mineralölsteuer kann auch monatsgenau zurückerstattet werden. Anlagen mit einem Jahresnutzungsgrad unterhalb des Mindestnutzungsgrades können so zumindest noch in einzelnen Monaten den Mindestnutzungsgrad erreichen. Sie erhalten also zeitweise die Mineralölsteuer zurückerstattet. Seit 2003 liegt der erstattungsfähige Betrag der Mineralölsteuer bei Erdgas bei bis zu 0,55 Cent je Kilowattstunde[14]. Die Rückerstattung erfolgt auf den insgesamt eingesetzten Brennstoff, es wird nicht zwischen Strom- und Wärmeproduktion differenziert. Im Vergleich zur herkömmlichen Heizung mit Brenner ergibt sich indirekt durch den verbilligten Brennstoff, der auf das Heizen entfällt, ein zusätzlicher Gewinn.

Ebenso entfällt nach dem Stromsteuergesetz für selbst genutzten Strom die 2003 eingeführte Stromsteuer von 2,05 Cent je Kilowattstunde erzeugten Stromes. Selbst bei Abgabe des Stromes gibt es noch einen verbilligten Satz für den in Kraft-Wärme-Kopplungsanlagen produzierten Strom.

Bei einem elektrischen Wirkungsgrad des Blockheizkraftwerkes von 27 % werden für die Erzeugung von einer Kilowattstunde Strom 3,3 Kilowattstunden Erdgas eingesetzt. Bei der Mineralölsteuer von 0,55 Cent je Kilowattstunde Erdgas ergibt sich durch die Mineralölsteuerrückerstattung ein Steuervorteil von 2 Cent je Kilowattstunde selbst erzeugten Stromes. Nimmt man die entfallene Stromsteuer hinzu, ergibt sich ein gesamter Steuervorteil von 4 Cent je erzeugter Kilowattstunde Strom.

---

[13] Vgl.: Meixner, H., Stein, R., Suttor, W., Blockheizkraftwerke – Ein Leitfaden für den Anwender, 6. Aufl., Solarpraxis, Berlin 2006, S. 16.

[14] Die Kilowattstunde ist bezogen auf den Energieinhalt von Erdgas auf Basis des oberen Heizwertes.

### 3.3.6 Förderung durch die KfW Bankengruppe

Anlagen zur Kraft-Wärme-Kopplung werden bereits durch Gesetze unterstützt, um deren Wettbewerbsfähigkeit zu erhöhen. Die durch Gesetze den Kraft-Wärme-Kopplungsanlagen eingeräumten Förderungen beziehen sich aber nur auf eine Vergünstigung der laufenden Kosten bzw. eine Erhöhung der Stromvergütung. Eine Anschubförderung für die Installation dieser Anlagen geht von ihnen aber nicht aus. Diese Art von Anschubfinanzierung wird von der KfW Förderbank übernommen. Die KfW Bankengruppe ist in Deutschland das Kreditinstitut, durch das vornehmlich staatliche Förderprogramme realisiert werden. Sie ist Eigentum der Bundesregierung Deutschland und der Bundesländer. Um Programme zur Kohlendioxidreduzierung attraktiver zu gestalten, gibt es seit 2006 jährlich einen staatlichen Zuschuss von einer Milliarde Euro. Die KfW Bankengruppe entstand aus der Kreditanstalt für Wiederaufbau. Heute werden von ihr Förderprogramme für verschiedene Bereiche angeboten. Ein Bereich ist der des Bauens, Wohnens und Energiesparens. Hier werden besonders für die energetische Gebäudesanierung und für die Schaffung energiesparenden Wohnraumes Förderprogramme aufgelegt. Heizungsanlagen, die auf dem Prinzip der Kraft-Wärme-Kopplung beruhen, werden entsprechend auch gefördert. Die Förderung kann durch Vergabe von zinsgünstigen Krediten erfolgen oder durch einen Teilschulderlass des aufgenommen Kredites. Die verschiedenen Förderprogramme sind in der Regel zeitlich befristet. Außer von der KfW Förderbank aufgelegten Programmen gibt es von anderen Trägern noch Förderprogramme auf Landesebene.

# 4 Wirtschaftlichkeit von Miniblockheizkraftwerken mit Verbrennungsmotor

Im Folgenden wird die Wahl des für die Berechnungen herangezogenen Blockheizkraftwerkes beschrieben sowie das Blockheizkraftwerk selbst näher spezifiziert. Die Gründe für die Wahl eines Miniblockheizkraftwerkes mit Verbrennungsmotor wurden bereits in Kapitel 2.7 dargelegt. Eine solche Anlage kann entweder für den Betrieb mit Erdgas oder mit Heizöl ausgelegt werden. Erdgas ist von der $CO_2$-Bilanz her günstiger als Erdöl. Zudem wird Erdgas über ein Versorgungsnetz an die Haushalte verteilt und ein Umschwenken auf regenerative Energie, durch Beimischung von Biogas, ist möglich. Aus diesen Gründen soll ein Blockheizkraftwerk in der Erdgasvariante betrachtet werden. Als Berechnungsgrundlage dient der DACHS HKA G5.5 von der Firma Senertec mit einem speziell entwickelten Motor der Firma Sachs. Das Aggregat zeichnet sich durch langjähriges Bestehen am Markt und durch seine Verkaufszahlen aus. Dieser Blockheizkraftwerks-Typ befindet sich seit einem Feldversuch mit 130 Anlagen im Jahre 1987 in Betrieb. Anlagen mit 80.000 Betriebsstunden sind nachgewiesen und es sind mittlerweile über 16.000 Einheiten verkauft worden. Das Blockheizkraftwerk hat eine elektrische Leistung von 5,5 kW und eine thermische Leistung von 12,5 kW. Der elektrische Wirkungsgrad beträgt 27 %, der thermische 61 %. Der Gesamtwirkungsgrad ergibt 88 %. Die Anschaffungs- und Installationskosten belaufen sich auf ca. 20.000 Euro. Parallel können auch andere Anlagen betrachtet werden, eine Liste von am Markt vertretenen Blockheizkraftwerken dieser Leistungsgröße befindet sich im Anhang.

Um eine höhere Auslastung des Blockheizkraftwerkes zu erreichen, wird in der Regel ein sogenannter Spitzenkessel favorisiert. Durch ihn muss das Blockheizkraftwerk nicht mehr auf die maximal mögliche thermische Spitzenlast ausgelegt werden und erzielt aufgrund der kleineren Dimensionierung längere Laufzeiten. Die aufwendigere Variante mit einem Spitzenkessel und zugehörigem Brenner soll vermieden werden. Das Blockheizkraftwerk soll die Heizung mit Brenner ersetzen und nicht zusätzlich installiert werden. Es soll das Ein-Anlagen-Prinzip gelten. Aus diesem Grund wird ein kostengünstiger, elektrischer Heizstab vorgesehen, um den Spitzenwärmebedarf abzufangen. Das Heizen mit Strom entspricht nicht dem Prinzip der Kraft-Wärme-Kopplung, ist aber zu tolerieren, um die kostspielige Zweitanlage mit separatem Brenner einzusparen.

## 4.1 Fixe Kosten

Die Fixkosten setzen sich aus den Anschaffungs- und Installationskosten und den betriebsgebundenen Kosten zusammen. Die Anschaffungs- und Installationskosten stellen die kapitalgebundenen Kosten dar und sollen durch ein Annuitätendarlehen abgedeckt werden. Die Aufwendungen für die kapitalgebundenen Kosten verteilen sich so gleichmäßig auf die Laufzeit des Kredites. Die Laufzeit des Kredites wird auf 15 Jahre ausgelegt, entsprechend der Betriebszeit, die von modernen Blockheizkraftwerken erreicht wird. Der staatlich garantierte Zuschuss von 5,11 Cent/kWh zum eingespeisten Strom wird allerdings nur für die Zeit von zehn Jahren gewährt. Hier wird unterstellt, dass aufgrund der allgemeinen Teuerungsrate und den voraussichtlich überproportional steigenden Energiepreisen der Stromerlös nach zehn Jahren ohne staatlichen Zuschuss zur Deckung der Kosten ausreicht.

### Kapitalgebundene Kosten

Die kapitalgebundenen Kosten sind zum einen die Kosten für das Miniblockheizkraftwerk selbst, inklusive aller benötigten Komponenten. Als Weiteres kommen noch die Einbindungskosten der Anlage hinzu. Die Investitionskosten, je installiertem Kilowatt elektrischer Leistung, richten sich insbesondere nach der Größe der Anlage. Mit steigender Anlagengröße sinken die Investitionskosten je installiertem Kilowatt elektrischer Leistung. Diese Kosten sind in Abhängigkeit von der Anlagengröße in der folgenden Grafik dargestellt. Die Einbindungskosten sind dabei noch nicht enthalten.

Abbildung 4: Spezifische Richtpreise für Erdgas-Blockheizkraftwerke

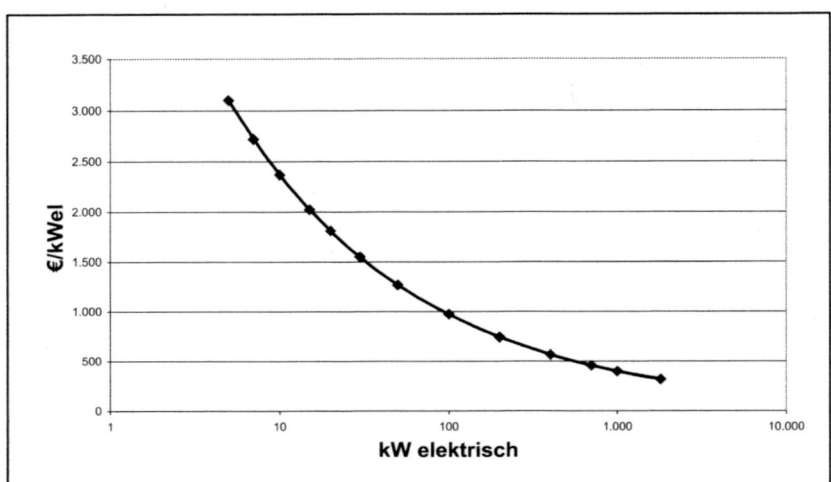

Quelle: Meixner, H., Stein, R., Suttor, W., Blockheizkraftwerke – Ein Leitfaden für den Anwender, 6. Aufl., Solarpraxis, Berlin 2006, S. 92

Für das in den folgenden Berechnungen betrachtete Miniblockheizkraftwerk von 5,5 kW elektrischer Leistung ergibt sich ein Preis von 3.100 Euro je Kilowattstunde. Absolut entspricht dies einer Investition von ca. 17.000 Euro. Für die Einbindungskosten des Blockheizkraftwerkes in die Heizungsanlage werden Kosten in Höhe von 3.000 Euro angesetzt.[15] Eventuell reduzieren sich die Investitionskosten noch um Investitionszuschüsse durch staatliche Förderprogramme. Investitionszuschüsse oder auch ein Teilschulderlass auf den aufgenommenen Kredit reduzieren die kapitalgebundenen Kosten. Da diese Zuschüsse aber auf zeitlich begrenzten Förderprogrammen beruhen und nur unter verschiedenen Vorraussetzungen gewährt werden, fließen sie nicht in die Berechnung ein. Eine Förderung findet häufiger über ein zinsvergünstigtes Darlehen statt. Für die nachfolgenden Berechnungen wird darum nur ein vergünstigter Darlehenszinssatz

---

[15] Nach Meixner, H., Stein, R., Suttor, W., Blockheizkraftwerke – Ein Leitfaden für den Anwender, 6. Aufl., Solarpraxis, Berlin 2006, S. 92, liegen die durchschnittlichen Einbindungskosten für eine Anlage mit 5,5 kW elektrischer Leistung zwischen 2.600 Euro und 3.600 Euro.

angenommen. Der angesetzte Zinssatz beträgt 2,5 % entsprechend einem Programm der KfW Förderbank.[16]

## Absolute Investitionskosten

Die jährliche Belastung durch den Kredit für die Anfangsinvestition ergibt sich nach der Annuitätenmethode wie folgt:

|  |  |
|---|---|
| Anschaffungskosten | 17.000 Euro |
| Installationskosten | + 3.000 Euro |
| Anfangsinvestitionskosten ($C_{01}$) | = 20.000 Euro |

Die Anfangsinvestition wird als Kapitalwert $C_0$ betrachtet. Der Kapitalwiedergewinnungsfaktor ist $q^n(q-1)/(q^n-1)$, wobei q der Zinsfaktor ist, der sich durch den Zinssatz i ergibt. Es gilt q = 1+i/100. Als Zinssatz werden 2,5 % angenommen. Die Laufzeit n beträgt 15 Jahre.

Annuität $d_1$ bei absoluten Investitionskosten:

$$d_1 = C_{01} * \frac{q^n * (q-1)}{q^n - 1}$$

$$d_1 = 20.000 \; Euro * \frac{1,025^{15} * (1,025-1)}{1,025^{15} - 1}$$

$$d_1 = 1.615 \; Euro$$

## Reduzierte Investitionskosten

Im Ersatzfall oder bei der Neuanlagenerstellung darf nur der Mehrpreis des Blockheizkraftwerks gegenüber der Heizung mit Brenner angesetzt werden. Vorauszusetzen ist, dass beide gleich lange Betriebszeiten haben. Bei der Neuinstallation einer Heizung mit Brenner muss diese auch finanziert werden, kann sich selbst aber nicht refinanzieren. Um die Wirtschaftlichkeit des BHKW gegenüber der Heizung mit Brenner herauszustellen, braucht nur der Mehrpreis über den Stromerlös refinanziert werden.

---

[16] Zinssatz nach dem KfW-CO2-Gebäudesanierungsprogramm bei einer Laufzeit von 20 Jahren, drei tilgungsfreien Anlaufjahren und zehn Jahren Zinsbindung. Stand vom 18.01.2007.

Setzt man eine gegenzurechnende Heizung mit Brenner mit 6.000 Euro an und deren Installationskosten mit 2.000 Euro, so reduziert sich die Investitionen für das Blockheizkraftwerk um 8.000 Euro auf die reinen Investitionsmehrkosten, auf 12.000 Euro.

Anschaffungsmehrkosten      17.000 Euro – 6.000 Euro = 11.000 Euro

Installationsmehrkosten         3.000 Euro – 2.000 Euro =   1.000 Euro

Anfangsinvestitionsmehrkosten ($C_{02}$)                           = 12.000 Euro

Annuität $d_2$ bei reduzierten Investitionskosten:

$$d_2 = C_{02} * \frac{q^n * (q-1)}{q^n - 1}$$

$$d_1 = 12.000\ Euro * \frac{1,025^{15} * (1,025 - 1)}{1,025^{15} - 1}$$

$$d_1 = 970\ Euro$$

Der Anteil der fixen Kosten, der zur Bedienung des Annuitätendarlehens jährlich aufgebracht werden muss, beträgt 1.615 Euro. Rechnet man die potentiell eingesparten Kosten für die aus obigen Gründen nicht benötigte Heizung mit Brenner gegen, so beträgt das Annuitätendarlehen für die Mehrkosten eines Blockheizkraftwerkes gegenüber der Heizung mit Brenner nur 970 Euro pro Jahr.

**Betriebsgebundene Kosten**

Die betriebsgebundenen Kosten sind beispielsweise die Bereitstellungskosten für einen benötigten zweiten Stromzähler. Die von der Betriebszeit abhängigen Wartungskosten sind nicht genauer spezifiziert und fallen zudem in ähnlicher Form, wie beispielsweise der Schornsteinfeger, auch bei der gewöhnlichen Heizung an. Ein erhöhter Wartungsaufwand, den ein technisch aufwendigeres Blockheizkraftwerk, verglichen mit einer Heizung mit Brenner, mit sich bringt, ist in erster Linie laufzeitabhängig. Die Wartungskosten fallen somit unter die variablen Kosten. Für an die Betriebszeit gebundene Kosten werden nur die Kosten für den separaten Stromzähler angesetzt. Für diesen zweiten Zähler zur Stromeinspeisung wird ein Wert von 120 Euro pro Jahr angenommen. Dieser Betrag stellt zugleich die betriebsgebundenen Kosten dar.

### Fixkosten

Die jährlichen fixen Kosten, ohne Gegenrechnung der Anschaffungskosten einer gewöhnlichen Heizung, ergeben sich aus der Summe der kapitalgebundenen Kosten und der betriebsgebundenen Kosten. Die Fixkosten belaufen sich auf jährlich 1.735 Euro.

Unter Berücksichtigung der Einsparung von Anschaffungskosten einer gewöhnlichen Heizung und deren Installation ergeben sich jährlich fixe Mehrkosten für das Blockheizkraftwerk von 1.090 Euro.

## 4.2 Variable Kosten

Zu den variabeln Kosten zählen sämtliche Kosten, die von der Laufzeit des Blockheizkraftwerkes abhängig sind. Dies sind insbesondere die Kosten für den Brennstoff. Daneben sind noch die laufzeitabhängigen Wartungskosten maßgeblich.

### Brennstoffkosten

Die jährlichen Brennstoffkosten ergeben sich aus dem Erdgaspreis, der aufgenommenen Leistung des Blockheizkraftwerkes, dessen Wirkungsgrad und der Summe der täglichen Laufzeiten. Der für die Berechnung herangezogene Erdgaspreis beträgt für Juli bis Dezember 2005: 13,83 Euro/GJ, für Januar bis Juni 2006: 15,98 Euro/GJ und für Juli bis Dezember 2006: 16,63 Euro/GJ. Diese Preise enthalten die Mehrwertsteuer und die Mineralölsteuer, wobei die Mineralölsteuer bei einem Blockheizkraftwerk komplett zurückerstattet wird. Der Teil der Rückerstattung, der sich auf die zum Heizen verwendete Energie des Blockheizkraftwerkes bezieht, stellt einen Gewinn gegenüber einer Heizung mit Brenner dar, bei der diese Rückerstattung nicht möglich ist. Die Preise beziehen sich auf den Brennwert von Erdgas. Für beide Vergleichsanlagen, für die Heizung mit Brenner sowie das Blockheizkraftwerk, wird die Brennwerttechnik vorausgesetzt und eine Umrechnung des Brennstoffbedarfs auf den unteren Heizwert entfällt. Eine

Korrektur der bezogenen Brennstoffmenge ist aber aufgrund des begrenzten Wirkungsgrades der Anlagen dennoch nötig. Der Wirkungsgrad von
Heizungsanlagen mit Brenner und der von Blockheizkraftwerken liegt bei
ca. 90 %. Dies hat einen erhöhten Brennstoffverbrauch von ca. 11 % zur
Folge. Die Berechnung der Brennstoffkosten erfolgt unter Beachtung der
jeweiligen täglichen Laufzeiten und der an diesen Tagen gültigen Erdgaspreise. Die Summe der täglichen Brennstoffkosten ergibt die Jahresener-
giekosten. Der Betrachtungszeitraum umfasst den Zeitraum vom 01. Sept.
2005 bis 31. Aug. 2006. Die Bemessungs- bzw. Gesamtleistung des Blockheizkraftwerks ergibt sich aus der Summe von elektrischer und thermischer
Leistung.

Brennstoffkosten:

| | | |
|---|---|---|
| Brennstoffkosten (absolut) | $= K_{Br}$ | [Euro] |
| Brennstoffkosten (relativ) | $= k_{Br}$ | [Euro/kWh] |
| Bemessungsleistung BHKW | $= P_{ges}$ | [kW] |
| Laufzeit | $= t$ | [h] |
| Wirkungsgrad | $= \eta$ | |

$$K_{Br} = \frac{k_{Br} * t * P_{ges}}{\eta}$$

$$K_{Br} = \frac{\sum_{n=1}^{365} \left[ k_{Br,n} * t_n \right] * P_{ges}}{\eta}$$

$$K_{Br} = 2.812 \ Euro$$

**Wartungskosten**

Die Wartungskosten bzw. die Instandhaltungskosten sind in der Regel von
der Laufzeit abhängig und nicht von der Betriebszeit. Die in diesen Kosten
enthaltenen einzelnen Positionen werden hier nicht weiter unterschieden.
Die Wartungskosten betragen bei Blockheizkraftwerken dieser Größenordnung erfahrungsgemäß zwei bis drei Cent je erzeugter Kilowattstunde

Strom[17]. Vereinfacht wird für die weitere Berechnung der Mittelwert von 2,5 Cent/kWh angenommen. Für die Laufzeit wird die Summe der täglichen Laufzeiten vom 01. Sept. 2005 bis 31. Aug. 2006 angesetzt.

Wartungskosten:

Wartungskosten (absolut)    = $K_{Wart.}$     [Euro]

Wartungskosten (relativ)    = $k_{Wart.}$     [Euro/kWh]

$$K_{Wart} = k_{Wart} * t * P_{elek}$$

$$K_{Wart} = 0,025 \ Euro \, / \, kWh * 2900h * 5,5kW$$

$$K_{Wart} = 400 \ Euro$$

## 4.3 Break-even-point-Betrachtung

Durch Bestimmung des break-even-point kann in einer ersten Abschätzung bestimmt werden, ab wann das Blockheizkraftwerk kostendeckend arbeitet. Der break-even-point entspricht dem Schnittpunkt von der Erlösfunktion mit der Kostenfunktion. Eine exakte Bestimmung ist nicht möglich, weil die Kosten- und die Erlösfunktion als linear betrachtet werden, es aber auf-grund der Änderungen bei den variablen Kosten und den Erlösen nicht sind. Die täglichen Laufzeiten des Miniblockheizkraftwerkes variieren über das Jahr. Ebenso ändern sich die Kosten für den Brennstoff halbjährlich und die garantierte Mindeststromvergütung wird alle drei Monate ange-passt. Der Funktion der variablen Kosten liegt der Durchschnittserdgas-preis in dem betrachteten Zeitraum zugrunde. Für die Erlösfunktion wurden die Erlöse bei einer Jahreslaufzeit von 2.900 Stunden unter Beachtung der tagesgenauen Laufzeiten und der gleichzeitig geltenden Stromvergütung berücksichtigt. Die Laufzeit von 2.900 Stunden ergibt sich anhand des in diesem Zeitraum vorgegebenen Außentemperaturganges als die realistisch

---

[17] Vgl.: Wirtschaftsministerium Baden-Württemberg, Blockheizkraft, 4. Auflage, Schwäbische Druckerei GmbH, Stuttgart 2005, S. 43.

erzielbare Laufzeit der Anlage, siehe Kapitel 4.4, Konstruktion der tagesgenauen Jahresheizleistungskurve. Die Differenzierung nach dem Zeitpunkt
der tatsächlichen Stromvergütung wurde gewählt, da in den Quartalen mit
hohen täglichen Laufzeiten auch die Stromvergütung merklich angestiegen
war. Die Erlösfunktion ist somit im Laufzeitbereich um 2.900 Stunden hin-
reichend genau. Die Mindestlaufzeit der Anlage, um kostendeckend zu
arbeiten, erfolgt einmal ohne und einmal mit Gegenrechnung der Anschaf-
fungs- und Installationskosten einer Heizung mit Brenner.

**Betrachtung bei absoluten Investitionskosten**

Betrachtet man die Kostenfunktion und die Erlösfunktion des Miniblockheizkraftwerks, so fällt die hohe Jahreslaufzeit auf. Die Laufzeit ergibt
6.700 Stunden, wobei das Jahr mit 8.760 Stunden anzusetzen ist. Dies
liegt an dem geringen finanziellen Gewinn, der durch den erzeugten Strom
erzielt wird, und an dem hohen Fixkostenanteil. Die Fixkosten sind in erster
Linie die Kosten für das Annuitätendarlehen, welches die Anschaffung und
die Installation der Anlage abdeckt.

Abbildung 5: Kosten- und Erlösfunktion Blockheizkraftwerk

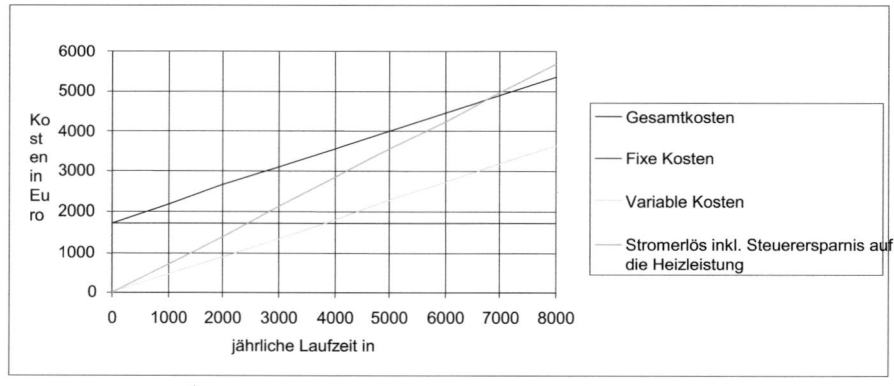

Quelle: Eigene Darstellung

**Betrachtung bei reduzierten Investitionskosten**

Unter der Annahme, dass die Anschaffungs- und Installationskosten einer
Heizung mit Brenner gegenzurechnen sind, siehe Kapitel 4.1, Reduzierte
Investitionskosten, senken sich die anzusetzenden Fixkosten. Bei entsprechend reduzierten fixen Kosten reicht eine Laufzeit von 4.200 Stunden für
das Miniblockheizkraftwerk aus, um kostendeckend zu arbeiten.

Abbildung 6: Kosten- und Erlösfunktion Blockheizkraftwerk mit reduzierten Fixkosten

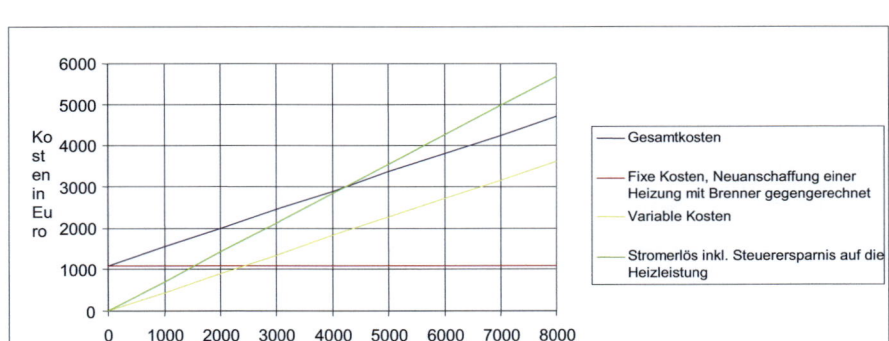

Quelle: Eigene Darstellung

## 4.4 Wirtschaftlichkeitsberechnung bei Vergütung nach dem Baseload-Strompreis

In dieser ersten Betrachtung, nach heutiger gesetzlicher Mindestvergütung, wird zunächst verglichen, ob es wirtschaftlich günstiger ist, den produzierten Strom selbst zu verwenden oder ihn zu den Konditionen des Baseload-Strompreises zu verkaufen. Da für diese Arbeit keine reelle Datenreihe über die täglichen Laufzeiten eines Miniblockheizkraftwerkes vorlag, wird im Folgenden eine solche Datenreihe konstruiert. In der Summe ergeben die täglichen Laufzeiten die Jahreslaufleistung. Ein Vergleich zu der vorab bestimmten Jahresmindestlaufzeit, siehe Kapitel 4.3, Break-even-point-Betrachtung, ist damit möglich. Zu den derzeit geltenden Rahmenbedingungen kann somit eine erste Aussage über die Wirtschaftlichkeit des Miniblockheizkraftwerks als alternative Heizungsanlage für ein kleines Wohnhaus getroffen werden.

42

### 4.4.1 Vergleich von Stromeigenverwendung zu Stromverkauf

Bei Eigenverwendung ergibt sich der Vorteil dadurch, dass benötigter Strom nicht zugekauft werden muss. Zugekaufter Strom kostete im gleichen Zeitraum 13,6 Cent/kWh[18]. Der durchschnittliche Verkaufserlös, der dieser Arbeit zu Grunde liegenden Beispielrechnung von September 2005 bis August 2006, lag bei 11,5 Cent/kWh. Bei höher subventionierten Stromerzeugungsverfahren, wie teilweise in der Photovoltaik mit Stromvergütungen von bis zu 45 Cent/kWh, ist es für den Kleinerzeuger aus Gründen der Wirtschaftlichkeit immer günstiger, den Strom komplett in das Netz der allgemeinen Versorgung einzuspeisen. Der Eigenstrombedarf wird in solchen Fällen aus dem öffentlichen Stromnetz zu normalen Preisen wieder zugekauft. Diese Übersubventionierung gibt es bei den Blockheizkraftwerken nicht. Eigener Strombedarf kann so weit möglich durch das Blockheizkraftwerk selbst gedeckt werden, da selbst erzeugter und zugekaufter Strom ähnlich teuer sind. Vergleicht man die Strommenge, die von dem Blockheizkraftwerk produziert wird, mit dem durchschnittlichen Bedarf eines Einfamilienhaushaltes, so erkennt man, dass der Strom größtenteils nicht selbst verwendet werden kann. Schon bei einer Laufzeit von 3.000 Stunden beläuft sich die produzierte elektrische Energie der vorab ausgewählten Anlage auf 16.500 kWh. Ein realistischer Jahresbedarf liegt aber bei nur 4.000 kWh. Im Weiteren wird der Strom als komplett zu Baseload-Bedingungen verkauft betrachtet. Der Vergleich zu anderen an der Strombörse handelbaren Stromprodukten ist so direkt herstellbar.

### 4.4.2 Konstruktion der Jahreslaufzeitkurve des Blockheizkraftwerks

**Annahmen**

---

[18] Durchschnittswert unter anteiliger Berücksichtigung des Strompreises für private Haushalte in Deutschland im Jahr 2005 und 2006, nach Eurostat, Statistisches Amt der Europäischen Gemeinschaften: Strompreise – Private Haushalte, http://epp.eurostat.ec.europa.eu/portal/page?_pageid=1996,39140985&_dad=portal&_schema=PORTAL&screen=detailref&language=de&product=Yearlies_ new_ environment_energy&root=Yearlies_new_environment_energy/H/H2/H21/er02b2, 09. Feb. 2007.

Bei der Konstruktion der Kurve der täglichen Laufzeiten des Blockheizkraftwerkes werden die folgenden Vereinfachungen angenommen. Der
Wärmebedarf des Hauses hängt direkt mit der Außentemperatur zusammen. Dieser Zusammenhang wird vereinfacht als linear angenommen. Das
Verhältnis von Wärmebedarf zur Außentemperatur ist umgekehrt proportional. Ein Wärmebedarf entsteht ab dem Unterschreiten einer bestimmten
Außentemperatur. Diese Temperaturgrenze wird auch als Heizgrenze bezeichnet und mit 15 Grad Celsius angenommen. Für die tägliche Außentemperatur wird jeweils nur ein Wert, das Mittel der Tageswerte, herangezogen. Grundlage für die weiteren Berechnungen sind Messreihen der Au-
ßentemperaturen vom Deutschen Wetterdienst. Die herangezogene Mess-
reihe ist die der nächstgelegenen Messstation in Düsseldorf.

**Konstruktion der durchschnittlichen Jahresheizleistungskurve und
Bestimmung des relativen Tageswärmebedarfes**

In einem ersten Schritt wird ein durchschnittlicher Jahrestemperaturverlauf
der Jahre 1991 bis 2006 erstellt, siehe Abbildung 7. Herangezogen wurden
hierzu die mittleren Temperaturen der einzelnen Monate. Betrachtet man
nur den Temperaturbereich unterhalb von 15 Grad Celsius und invertiert
den Kurvenverlauf, so stellt die neue Kurve die Temperaturabweichung
unterhalb Heizgrenze bzw. den Raumwärmebedarf dar. Dieser Verlauf entspricht qualitativ auch dem Verlauf der benötigten Heizleistung ohne
Warmwasser.

44

Abbildung 7: Durchschnittlicher Jahrestemperaturgang und benötigter Raumwärmebedarf

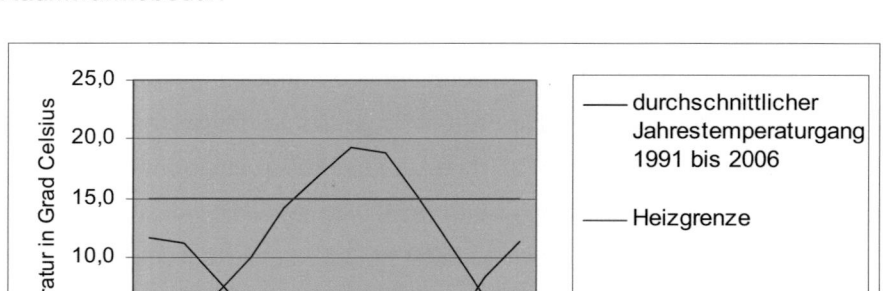

Quelle: Eigene Darstellung

Der Energiebedarf im deutschen Gebäudebestand ist relativ hoch. Je nach Gebäudeart liegt der Jahreswärmebedarf für Heizung und Warmwasser zwischen 200 kWh und 300 kWh je Quadratmeter.[19] Für das angenommene Einfamilienhaus wird der Mittelwert von 250 kWh unterstellt. Dieser Betrag teilt sich noch auf in angenommene 200 kWh für die Raumheizung und 50 kWh für die Warmwasserbereitung.

Integriert man den Kurvenverlauf der Temperaturabweichung unterhalb der Heizgrenze, so erhält man die Summe der täglichen Temperaturgrade unterhalb der Heizgrenze über das Jahr. Die Summe der täglichen Temperaturgrade unterhalb der Heizgrenze ist proportional zum Jahreswärmebedarf je Quadratmeter. Es kann jetzt der Tageswärmebedarf je Grad Außentemperatur unterhalb der Heizgrenze bestimmt werden. Dieser relative Tageswärmebedarf ist notwendig, um die noch folgende tagesgenaue Jahreslaufzeitkurve erstellen zu können. Er beträgt exklusive des Wärmebedarfes für Warmwasser 0,11 kWh/C$^0$/[24h]/m$^2$.[20] Setzt man den Energiebedarf für Warmwasserbedarf pauschal mit 20 % des Gesamtwärmebedarfes an, so

[19] Vgl. Wirtschaftsministerium Baden-Württemberg: Blockheizkraft, 4. Auflage, Schwäbische Druckerei GmbH, Stuttgart 2005, S. 10.

[20] Maßgeblich für den relativen Wärmebedarf ist die niedrigste Außentemperatur. Diese betrug am 27. Jan. 2006 –5,9 °C, also 20,9 °C unterhalb der Heizgrenze.

erhöht sich der tägliche Energiebedarf noch mal um 0,14 kWh/[24h]/m². Das gewählte Miniblockheizkraftwerk kann bei diesem Wärmebedarf ein Objekt mit einer Wohnfläche von 125 m² versorgen. Dies entspricht der Größe eines Einfamilienhauses.

**Konstruktion der tagesgenauen Jahresheizleistungskurve**

Für die Wirtschaftlichkeitsberechnung wird der Zeitraum von September 2005 bis Oktober 2005 betrachtet. Um die Kosten und Erlöse richtig zu bestimmen, müssen sie dem Zeitpunkt der Stromproduktion zuordnet werden. Hierzu wird die tagesgenaue Jahresheizleistungskurve erstellt, da die Stromproduktion parallel zum Heizen erfolgt. Verrechnet man den relativen Tageswärmebedarf mit den tagesgenauen Werten für den Wärmebedarf, so resultiert daraus die Kurve mit den täglichen Heizleistungen bzw. unter Einbeziehung der Leistung des Blockheizkraftwerks dessen tägliche Laufzeiten. Eine tägliche Mindestlaufzeit von 1,4 Stunden ergibt sich durch den, über das Jahr hinweg als konstant angenommenen, Warmwasserbedarf. Insgesamt folgt daraus für das betrachtete Jahr eine Laufzeit von 2.900 Stunden.

Abbildung 8: Tagesgenaue Jahreslaufzeitkennlinie eines MINI-BHKW von Sept. 2005 bis Okt. 2006

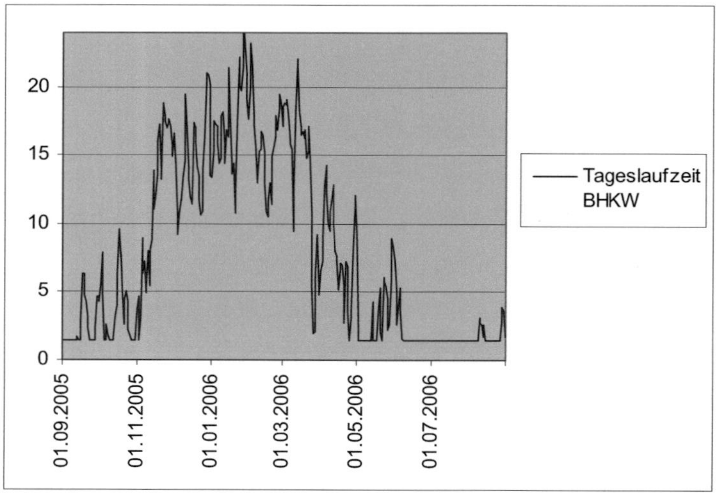

Quelle: Eigene Darstellung

**Laufzeiterhöhung durch eine elektrische Zusatzheizung**

In der ersten Berechnung ist das Blockheizkraftwerk mit seiner thermischen Leistung auf den kältesten Tag im Jahr ausgelegt worden. Die resultierende Jahreslaufzeit von 2.900 Stunden ist für einen wirtschaftlichen Betrieb zu gering.[21] Das Blockheizkraftwerk wird in einer zweiten Betrachtung mit seiner gesamten Leistung der auf den kältesten Tag ausgelegt.[22] Ein separater Brenner zur Unterstützung soll vermieden werden. Es wird aus diesem Grund eine elektrische Zusatzheizung für den Spitzenwärmebedarf eingesetzt. An Tagen, an denen mehr als die maximale thermische Heizleistung benötigt wird, kann die elektrische Leistung der Anlage hinzugezogen werden, so dass mit dem selbst erzeugten Strom geheizt wird.[23] Trotz der Verwendung des Stromes zum Heizen, an wenigen Tagen im Jahr, steigt der Stromerlös, da sich die Laufzeit des Blockheizkraftwerks an allen

---

[21] Vgl. Kapitel 4.2, Break-even-point-Betrachtung. Der break-even-point ergab sich unter der Betrachtung der reduzierten Investitionskosten bei einer jährlichen Laufzeit von 4.200 Stunden.

[22] Das Blockheizkraftwerk ist damit gleichzeitig für ein größeres Objekt ausgelegt. Um die Größe des zu versorgenden Objektes nicht zu verändern, kann alternativ auch ein Blockheizkraftwerk mit geringerer Leistung gewählt werden.

Tagen erhöht. Die produzierte elektrische Energie ergibt sich bei Auslegung des Blockheizkraftwerks auf seine thermische Leistung von 12,5 kW
zu 16.000 kWh im Jahr. Bei der Auslegung des Blockheizkraftwerks mit
seiner Gesamtleistung für ein Objekt, also mit 18 kW, ergibt sich die Laufzeit des Blockheizkraftwerks zu 3.980 Stunden. Über den Zeitraum von
420 Stunden wird dabei der Strom zum Heizen verwendet. Es kann also
nur während 3.560 Stunden selbst erzeugter Strom abgegeben werden.
Die erzeugte elektrische Energie abzüglich des zum Heizen verwendeten
Anteils beläuft sich auf 19.600 kWh im Jahr. In dem Vergleich zur Break-
even-point-Betrachtung darf nur die Laufzeit betrachtet werden, in der der
produzierte Strom auch zur Refinanzierung beiträgt, also verkauft wird. Die
hier anzusetzenden 3.560 Stunden lassen einen wirtschaftlichen Betrieb
der Anlage ebenfalls noch nicht zu.

Abbildung 9: Tagesgenaue Jahreslaufzeitkennlinie eines MINI-BHKW von
Sept. 2005 bis Okt. 2006 bei Einsatz einer elektrischen Zusatzheizung

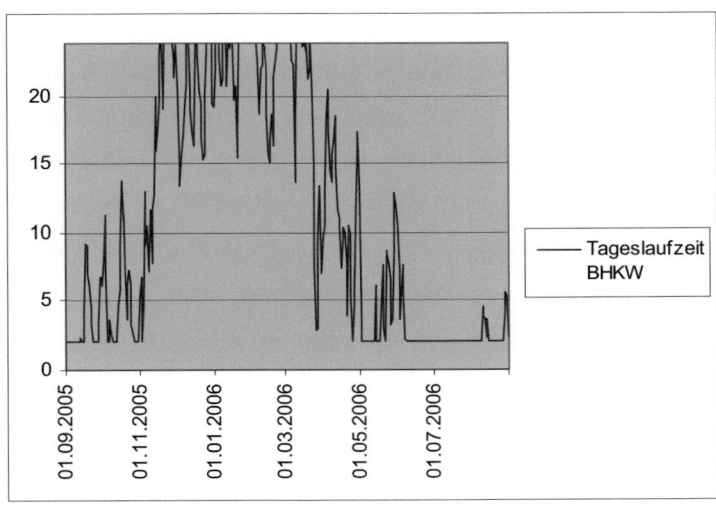

Quelle: Eigene Darstellung

---

[23] Eine elektrische Heizung erfordert nur einen Bruchteil der Investitionskosten
sowie der laufenden Kosten, die ein separater Benner benötigt. Die Kosten für die
elektrische Zusatzheizung werden im Weiteren nicht betrachtet.

### 4.4.3   Ergebnisbetrachtung der Baseload-Stromvergütung

Um einen genauen Vergleich zwischen Baseload-Stromvergütung und der noch folgenden Vergütung nach Peakload-Bedingungen zu ermöglichen, reicht die einfache Betrachtung des break-even-point nicht aus. Bei sich im laufenden Jahr ändernden Kosten und Erlösen dürfen die Kostenfunktion und die Erlösfunktion in einer exakten Break-even-point-Betrachtung nicht durch eine Gerade wiedergegeben werden. Aus diesem Grund werden die sich täglich ergebenen Erlöse und die täglich anfallenden Kosten separat erfasst. Ihr Betrag wird monatlich zusammengefasst und grafisch darge-stellt. Die genaue Berechnung der Kosten und Erlöse bezieht sich auf ein Blockheizkraftwerk, das nur mit seiner thermischen Leistung für ein Objekt ausgelegt wurde.

**Erlöse**

Die Vergütung des eingespeisten Stromes richtet sich nach dem Preis, der im vorangegangenen Quartal für Baseload-Strom bezahlt wurde. Unter Beachtung dieser quartalsgenauen Stromvergütung und der Laufzeit des Blockheizkraftwerkes in diesen Quartalen ergibt sich der nachfolgend dar-gestellte Verlauf der Stromvergütung. In dieser Vergütung ist der Zuschlag nach dem Kraft-Wärme-Kopplungsgesetz von 5,11 Cent/kWh bereits ent-halten. Die Erstattung für vermiedene Netznutzungsgebühren übergeordne-ter Stromnetze ist ebenfalls schon verrechnet. Diese liegt typisch bei 0,4 Cent/kWh bis 1,9 Cent/kWh.[24] Für die Berechnung wurde der Mittelwert von 0,95 Cent/kWh angesetzt.

---

[24] Glizie GmbH: KWK-Gesetz, o. J., http://www.glizie.de/kwk-gesetz.htm, 24. Jan. 2007.

Abbildung 10: Monatliche Erlöse nach Baseload-Stromvergütung

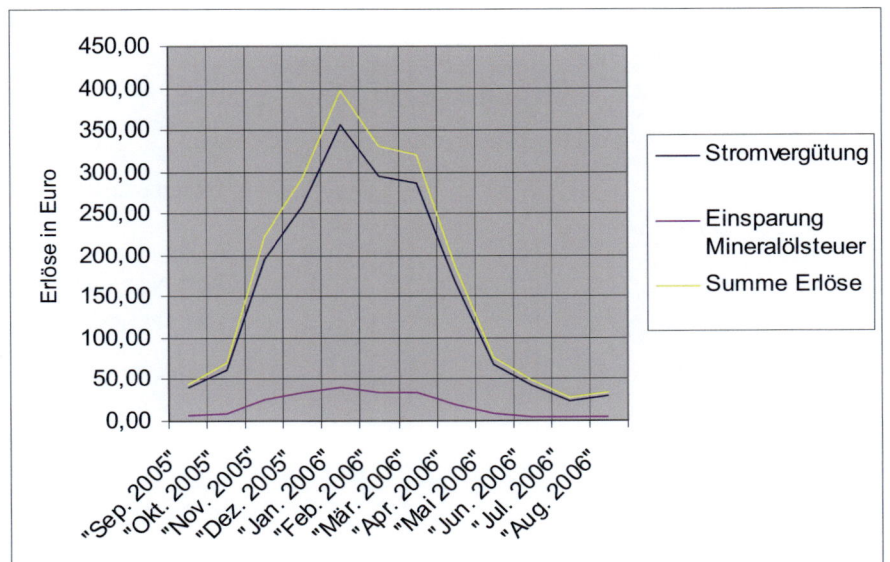

Quelle: Eigene Darstellung

**Kosten**

Der Kostenverlauf ergibt sich aus den variablen Kosten wie Brennstoffkosten und Wartungskosten und den fixen Kosten bestehend aus den Kosten für das Annuitätendarlehen und den betriebsgebundenen Kosten. Die Brennstoffkosten sind mit den jeweils aktuellen Werten in die Berechnung eingeflossen.[25]

---

[25] Als aktueller Wert wurde der von Eurostat ausgewiesene Halbjahreswert für Naturgas in deutschen Haushalten mit einem Jahresverbrauch von 83,7 GJ angesetzt. In diesem Turnus findet auch die Anpassung des Erdgaspreises an den Ölpreis statt. Vergleich Eurostat, Statistisches Amt der Europäischen Gemeinschaften: Gas – Haushaltsabnehmer – halbjährliche Preise, http://epp.eurostat.ec.europa.eu/extraction/ retrieve/de/theme8/nrg/nrg_pc_ 202?OutputDir=EJOutputDir_1930&user=unknown&clientsessionid=C5C43125D0 992FF82E46CFD840EE488C.extraction-worker-2&OutputFile=nrg_pc_202.htm& OutputMode=U&NumberOfCells=9&Language=de&OutputMime=text%2Fhtml&, 18. Nov. 2006.

Abbildung 11: Monatliche Kosten

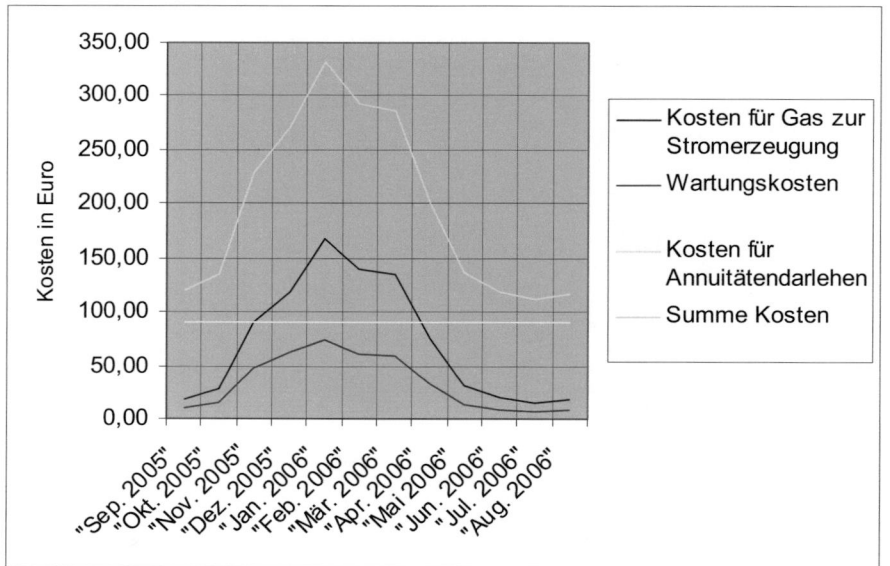

Quelle: Eigene Darstellung

**Ergebnis**

Subtrahiert man die Kostenfunktion von der Erlösfunktion, so ergibt sich der Verlauf des Betriebsergebnisses. Es ist zu erkennen, dass nur in vier Monaten ein positives Ergebnis erzielt wird. Lediglich in diesen Monaten ist die Laufzeit so hoch, dass die Gesamtkosten mit ihrem hohen Fixkostenanteil übertroffen werden.

Abbildung 12: Monatliches Ergebnis nach Baseload-Stromvergütung

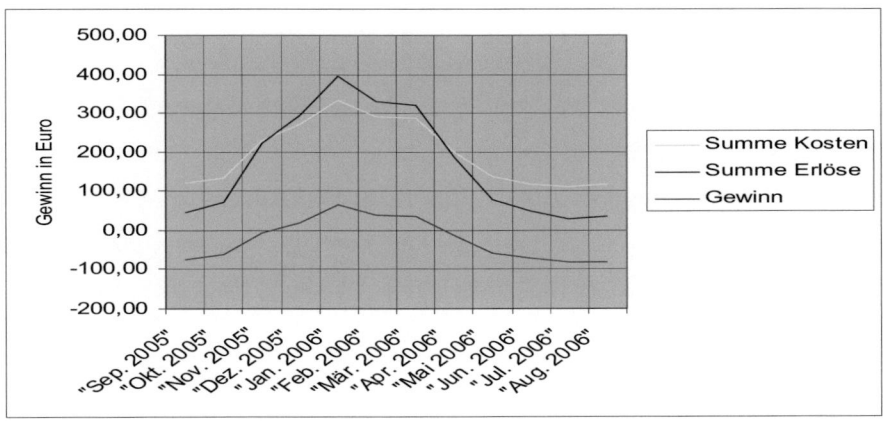

Quelle: Eigene Darstellung

In der Aufsummierung der monatlichen Einzelergebnisse stellt sich am Ende des betrachteten Jahreszeitraumes ein Verlust von 300 Euro dar.

Abbildung 13: Aufsummiertes Ergebnis nach Baseload-Stromvergütung

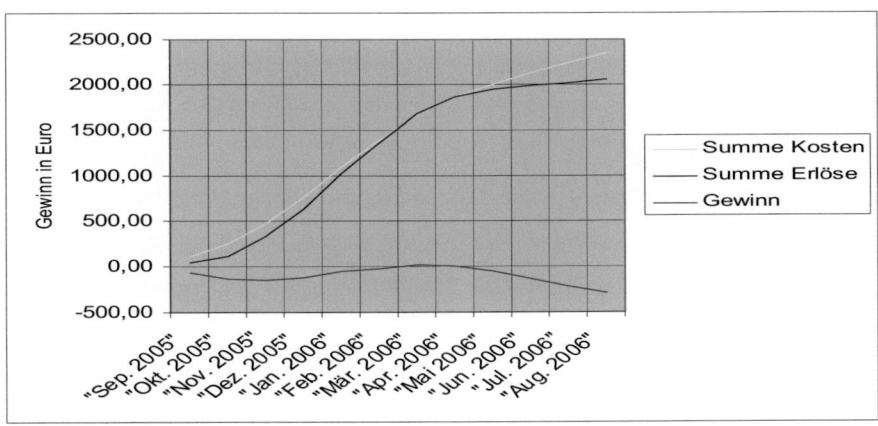

Quelle: Eigene Darstellung

## 4.5 Wirtschaftlichkeitsberechnung bei Vergütung nach dem durchschnittlichen Peakload-Strompreis

In der vorangegangenen Berechnung wurde nur nach dem Preis für Baseload-Strom vergütet. Dieser Strom bezieht sich nur auf die Grundlast, die über 24 Stunden konstant ansteht. Eine zeitlich differenzierte Betrachtung der täglichen Stromproduktion war nicht erforderlich. Von den handelbaren Stromprodukten erzielt der Baseload-Strom allerdings die geringste Vergütung.

Der Grundgedanke, das Blockheizkraftwerk an den Strombedarf zu koppeln, liegt darin, die Vergütung des eingespeisten Stromes zu erhöhen. In einem Blockheizkraftwerk fallen Strom und Wärme gleichzeitig an. Eine Kopplung an den Strombedarf ist nur möglich, da sich die Wärme, anders als der Strom, effizient zwischenspeichern lässt. In der Regel sind Miniblockheizkraftwerke, entsprechend ihrem vorrangigen Verwendungszweck als Gebäudeheizung, an den Wärmebedarf gekoppelt. Bei Wärmespeichern nach heutigem Stand der Technik sind die thermischen Verluste so gering, dass eine Kopplung an den Wärmebedarf zweitrangig wird. Eine Kopplung an den Strompreis rückt somit in den Vordergrund. Es ist möglich, die tägliche Laufzeit des Blockheizkraftwerkes in den Bereich einer höheren Stromvergütung zu verlegen. In diesem Kapitel wird die Vergütung unter Differenzierung nach dem durchschnittlichen Peakload-Strompreis und Off-Peak-Strompreis betrachtet. Der Peakload-Strompreis bezieht sich auf Strom, der zwischen 8 Uhr und 20 Uhr produziert wird. Da das Blockheizkraftwerk zeitweise auch tägliche Laufzeiten von über zwölf Stunden aufweist, muss noch der Off-Peak-Strom von 20 Uhr bis 8 Uhr in die Berechnung mit einbezogen werden.

In Abbildung 14 ist der tägliche Preis für Peakload-Strom und für Baseload-Strom dargestellt, so wie er in dem Betrachtungszeitraum an der Leipziger Strombörse zu erzielen war. Außer den täglichen Werten ist auch der gleitende Durchschnittswert für 200 Tage angegeben. Es lässt sich aus der Grafik entnehmen, dass der Peakload-Strom einen um ca. 25 % höheren Preis als der Baseload-Strom erzielt hat.

Abbildung 14: Vergleich zwischen Peakload-Strompreis und Baseload-Strompreis

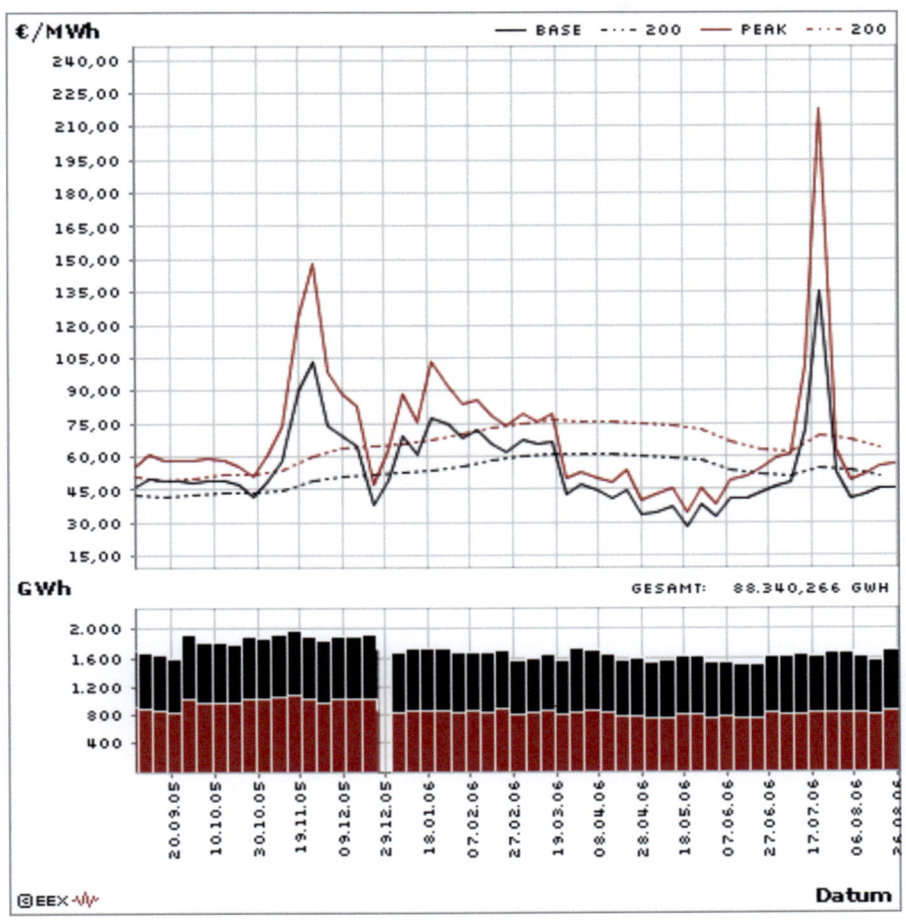

Quelle: EEX, Stundenkontrakte (Auktionshandel), http://www.eex.de/index .php?results%5B5%.., 18. Okt. 2006

In den folgenden Abbildungen ist der Verlauf des Gewinns für Peakload-Strom dargestellt. Zum Vergleich ist ebenfalls die alternativ erzielbare Baseload-Stromvergütung angegeben. Um die Vergleichbarkeit zu gewährleisten, wird ebenfalls das Blockheizkraftwerk betrachtet, welches mit seiner thermischen Leistung für das Objekt ausgelegt ist.

Abbildung 15: Vergleich von monatlichem Gewinn nach Peakload-
Strompreis zu Gewinn nach Baseload-Strompreis

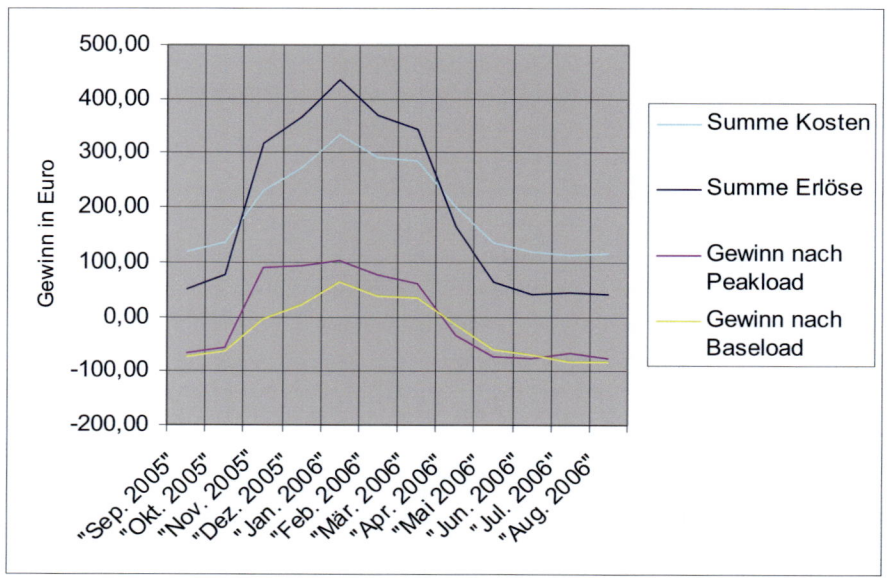

Quelle: Eigene Darstellung

Abbildung 16: Vergleich von aufsummiertem Gewinn nach Peakload-
Strompreis zu aufsummiertem Gewinn nach Baseload-Strompreis

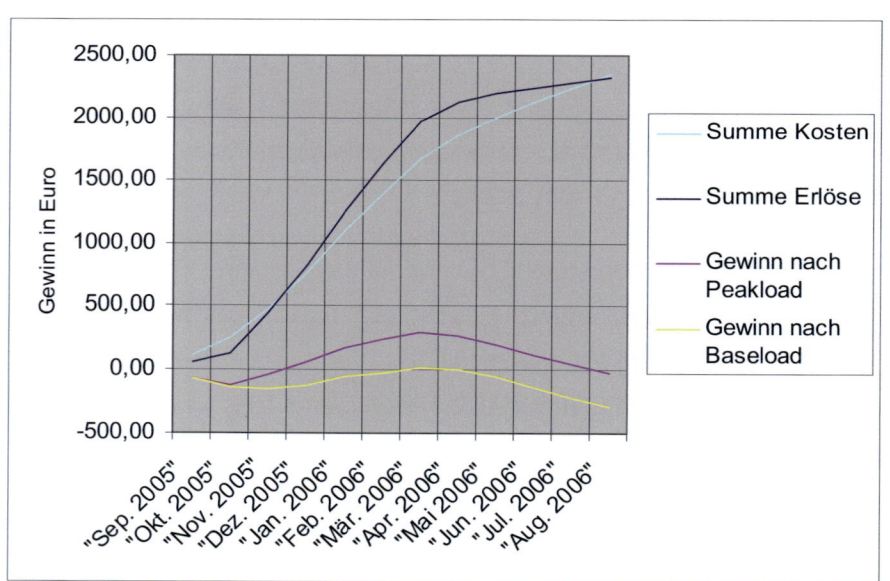

Quelle: Eigene Darstellung

Der Grund für die Differenz zwischen dem durchschnittlichen Peakload-Strompreis und dem Baseload-Strompreis liegt darin, dass der Baseload-Strom über 24 Stunden am Tag konstant benötigt wird. Dieser Strom wird hauptsächlich von den Grundlastkraftwerken geliefert und ist entsprechend günstig. Der Peakload-Strombedarf wird hingegen von den Mittel- und Spitzenlastkraftwerken gedeckt, so dass Peakload-Strom höhere Preise erzielt.

Bezogen auf den Betrachtungszeitraum und bei der Jahreslaufzeit von 2.900 Stunden betrug der an der Strombörse erzielbare durchschnittliche Peakload-Strompreis 7,13 Cent/kWh. Der durchschnittliche Preis für Baseload-Strom bringt nur eine Vergütung von 5,44 Cent/kWh. Für die Vergütung unter Baseload-Voraussetzungen ergibt sich ein Verlust von 300 Euro. Bei einer möglichen Vergütung zu Peakload-Bedingungen ist das Ergebnis mit nur 30 Euro Verlust fast ausgeglichen.

Die Laufzeiterhöhung durch Auslegung des Miniblockheizkraftwerkes mit seiner Gesamtleistung auf das zu versorgende Objekt erreichte im Fall der Baseload-Vergütung eine Steigerung des Erlöses um 23 %. Im Fall der Peakload-Vergütung würde sich der Erlös ebenfalls erhöhen, wobei die Steigerung geringer ausfällt, da hinzukommende Laufzeiten vermehrt in geringer vergütete Zeitbereiche fallen. Das Ergebnis wird auf diese Weise aber sicher positiv.

## 4.6 Wirtschaftlichkeitsberechnung bei Vergütung nach dem stundengenauen Peakload-Strompreis

Die Vergütung des eingespeisten Stromes kann noch weiter optimiert werden. Im vorangegangen Szenario wurde die Laufzeit des Mini-BHKW in die Zeit von 8 bis 20 Uhr verlegt, um auf Grundlage des durchschnittlichen Peakload-Strompreises die Vergütung zu erlangen.

Täglich gibt es zwei typische Zeitpunkte im Stromnetz, zu denen der Stromverbrauch deutlich ansteigt. Entsprechend ergibt sich zu diesen Zeitpunkten jeweils ein maximaler Peakload-Strompreis. Bringt man die Laufzeit des Blockheizkraftwerkes nicht nur mit dem Peakload-Zeitbereich überein, sondern wählt die Laufzeiten so, dass sie bei den Tageszeiten mit maximalen Vergütungen liegen, so erhöht sich die Gesamtvergütung nochmals. Da die Zeiten mit maximaler Vergütung auch die Zeiten mit maximalen Strombelastungen in dem Stromnetz darstellen, führt die Kopplung der Blockheizkraftwerke an die Zeiten der maximalen Vergütung zudem zu einer allgemeinen Netzentlastung.

Die Kopplung an den aktuellen Börsenpreis ist nicht möglich, da die entsprechenden Stromkontrakte an der Strombörse mindestens einen Tag vor Lieferung gehandelt werden. Die Handelszeiten für die Stromkontrakte sind vorgegeben. Prinzipiell ist auch die tatsächliche Strompreishöhe für die Einschaltzeit des Blockheizkraftwerks nicht relevant. Es muss nur bekannt sein, wann der Preis relativ am höchsten ist. Die tägliche Laufzeit des Blockheizkraftwerks ist, entsprechend dem vorhersehbaren Wärmebedarf, bekannt und es muss diese Zeit laufen, unabhängig von der absoluten Strompreishöhe.

Um die Stromvergütung zu maximieren, kann über eine Erwartungskurve, die auf Erfahrungswerten vorangegangener Strompreiskennlinien beruht, ermittelt werden, wann aller Wahrscheinlichkeit nach ein maximaler Strompreis zu erwarten ist. Für die zugrunde liegende Musterrechnung wurde für jede Stunde des Tages der jährliche Durchschnittswert errechnet, siehe Abbildung 17. Entsprechend der Höhe der stündlichen Durchschnittserlöse wurde den täglichen Stunden eine Rangfolge zugeordnet. Die tägliche Laufzeit des Blockheizkraftwerkes wurde entsprechend der Rangfolge der Stunden aufgeteilt, um so den Erlös zu maximieren.

Abbildung 17: Täglicher Peakload-Stromverlauf im Jahresdurchschnitt

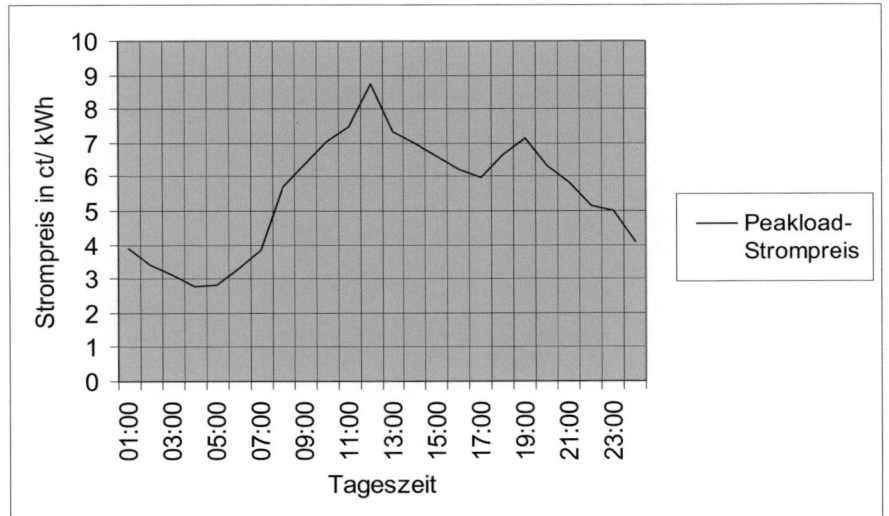

Quelle: Eigene Darstellung

Der Strombedarf und somit die Stromvergütung sind zwischen den Werkta-
gen und den Sonn- und Feiertagen unterschiedlich. Auch wird die Erwartungskurve für den Tagesgang durch eine Kurve des Jahresganges überla-
gert oder es fallen außerzyklische Ereignisse wie die Außentemperatur ins
Gewicht. Eine weitere Differenzierung der Erwartungskurve ist darum
grundsätzlich noch möglich.

Im Vergleich zur durchschnittlich erzielbaren Baseload-Vergütung von
5,44 Cent/kWh ergibt sich bei stundengenau optimierter Stromeinspeisung
ein durchschnittlicher Strompreis von 7,62 Cent/kWh. Das Jahresergebnis
ist mit 50 Euro ausgeglichen. Gegenüber der Vergütung zu Baseload-
Bedingungen ergibt sich ein Ergebnisvorteil von 346 Euro. Für eine Mehrinvestition von 12.000 Euro ist der Gewinn von 50 Euro pro Jahr zu gering.
Andere Anlagemöglichkeiten werfen eine bessere Rendite ab, beziehungsweise darf ohne nennenswerten Gewinn das Investitionsrisiko gar
nicht erst eingegangen werden. Auch hier muss das Miniblockheizkraftwerk
mit seiner Gesamtleistung auf ein Objekt ausgelegt werden, um durch die
längere Laufzeit eine Gewinnsteigerung zu erfahren.

Abbildung 18: Vergleich von monatlichem Gewinn bei Einspeisung zu Spitzenzeiten

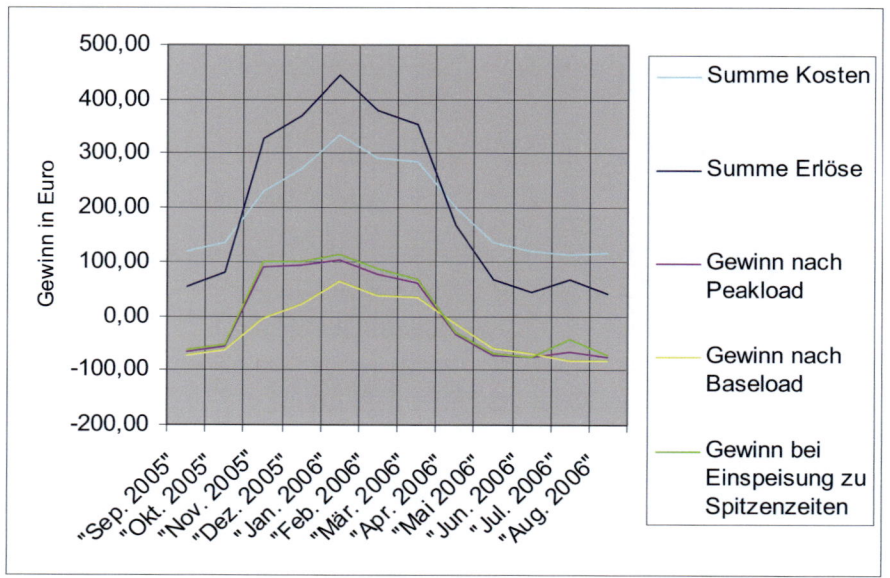

Quelle: Eigene Darstellung

Abbildung 19: Vergleich von monatlich aufsummiertem Gewinn bei Einspeisung zu Spitzenzeiten

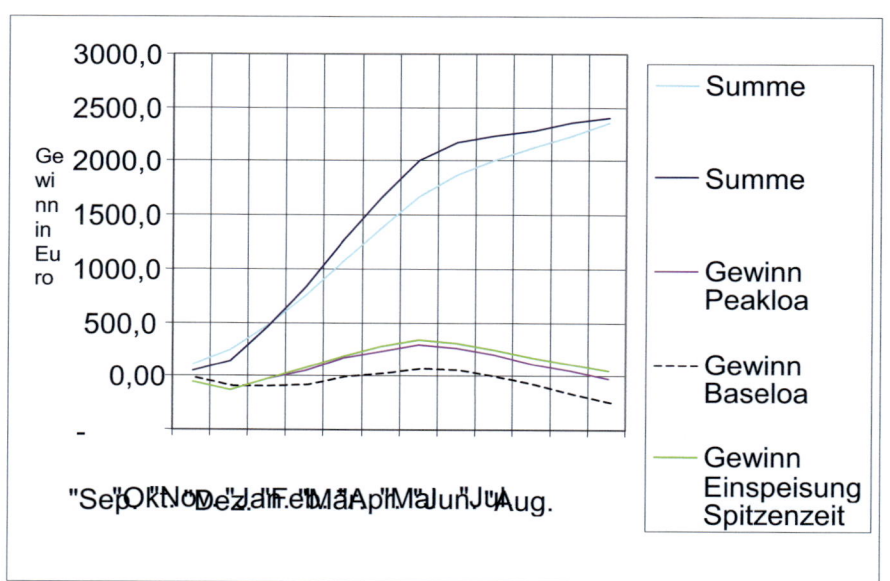

Quelle: Eigene Darstellung

## 4.7 Wirtschaftlichkeitsberechnung mit Vergütung für die Bereitstellung von Regelreserven

In den zwei vorausgegangenen Betrachtungen wurden Vergütungen untersucht, die die Einschaltzeiten der Blockheizkraftwerke im Voraus festlegen. Die Stromkontrakte werden im Vorfeld gehandelt und der Strom wird zu den vertraglich festgelegten Zeiten geliefert. Unerwartet auftretende Lastspitzen im Stromnetz werden nicht bedient. Die Blockheizkraftwerke können aber aufgrund ihrer kurzen Hochlaufzeiten auch die Lastspitzen bedienen, sie können die sogenannte Regelreserve bereitstellen. Im Weiteren soll die Möglichkeit des Handels dieser Regelreserven beziehungsweise der Fernsteuerung der Blockheizkraftwerke durch den regionalen Stromversorger betrachtet werden. Die Bereitstellung von Regelreserven hat das Ziel der Reduzierung von Kraftwerkskapazitäten im Bereich der Spitzenlastkraftwerke.

Für das Miniblockheizkraftwerk ist es aufgrund des Wärmespeichers irrelevant, zu welchen Zeitpunkten am Tag es läuft. Zusätzlich zu der Steuerung anhand der vorab beschriebenen Erwartungskurve kann das Blockheizkraftwerk auch über ein Rundsteuersignal kurzfristig eingeschaltet werden. Es kann die sogenannte Minutenreserve liefern. Die Zeitspanne, die ein herkömmliches Spitzenlastkraftwerk ans Netz gehen muss, bis es von einem Mittellastkraftwerk abgelöst werden kann, beträgt ca. 15 Minuten. Ist ein benötigtes Mittellastkraftwerk dann hochgefahren, wird das Spitzenlastkraftwerk wieder abgeschaltet. Diese kurzen Zeitspannen können durch Miniblockheizkraftwerke bedient werden.[26] Die zu erwartenden kurzen Lastspitzen zur Mittags- und Abendzeit, bei denen nicht auf Mittellast umgeschaltet wird, sind typischerweise auch nicht länger als eine Stunde. Auch hier können Miniblockheizkraftwerke für die Spitzenlastkraftwerke Ersatz leisten. Auch für das Vorhalten von Regelleistung wird eine Vergütung bezahlt, selbst wenn die Kapazitäten nicht in Anspruch genommen werden. Am meisten verdient der Bereitsteller von Regelleistung, wenn diese nicht abgerufen wird.

---

[26] Bei der Bedienung von kurzen Lastspitzen erhöht sich die Anzahl der Motorstarts. Eine Verringerung der Betriebszeit der Anlage kann hierdurch hervorgerufen werden.

Die Fremdsteuerung des Blockheizkraftwerks durch den Stromversorger per Rundsteuersignal stellt heute kein Problem mehr dar. Allerdings gibt es im Winter ein Problem. Im Winter können bei langen Laufzeiten die Blockheizkraftwerke nicht mehr zugeschaltet werden, da sie aller Wahrscheinlichkeit nach schon laufen. Sie decken dann nur noch die Mittel- und Grundlast ab. Die Bereitstellung von Regelreserven ist dadurch nicht mehr möglich. Die kürzeren Tageslaufzeiten der Blockheizkraftwerke im Sommer reichen dort noch aus, um die ebenfalls kurzen Stromspitzen abzufangen.

Die Miniblockheizkraftwerke können zusätzlich zur Vergütung nach der optimierten, stundengenauen Peakload-Stromvergütung auch noch durch die optionale Bereitstellung von Regelreserven eine Vergütung erzielen und ihre Wirtschaftlichkeit steigern.

# 5 Zusammenfassung und Ausblick

Miniblockheizkraftwerke werden oft nicht eingesetzt, da die benötigte Wär-
megrundlast zu gering ist und der wirtschaftliche Betrieb somit nicht gegeben ist. In der Literatur wird für diese Anlagen oft von einem Mindestnutzungsgrad von 50 % ausgegangen, um sie wirtschaftlich betreiben zu können. Bei einer höheren Stromvergütung steigt die Wirtschaftlichkeit und der
Mindestnutzungsgrad der Miniblockheizkraftwerke sinkt. In der Rechnung
der zeitlich optimierten Vergütung nach dem Peakload-Strompreis konnte
die Gesamtvergütung wesentlich gegenüber der heutigen Mindestvergütung nach dem Baseload-Strompreis gesteigert werden. Das betrachtete
Miniblockheizkraftwerk arbeitet bei unterstellter, besserer Stromvergütung
schon ab der relativ kurzen Laufzeit von 2.900 Stunden im Jahr kostendeckend. Dieser kostendeckende Betrieb ist bereits bei der Auslegung des
Blockheizkraftwerks mit seiner thermischen Leistung auf ein Objekt gegeben. Wird das Blockheizkraftwerk mit seiner gesamten Leistung für ein Objekt ausgelegt, erhöht sich dessen Laufzeit. Die Energiemenge, die in das
Netz der allgemeinen Versorgung eingespeist werden kann, erhöht sich
dabei nochmals um 23 %. Mit der einhergehenden Steigerung der Stromvergütung stellt sich dann ein eindeutig positives Ergebnis heraus. Die
Mehrinvestition für das Miniblockheizkraftwerk gegenüber der herkömmlichen Heizung ist nicht mehr nur kostendeckend, sondern sie kann als loh-
nende Investition angesehen werden.

Vorraussetzung für verbesserte Vergütungsbedingungen sind Maßnahmen,
die den Miniblockheizkraftwerksbetreibern einen Zugang zum Strommarkt
eröffnen. Alternativ kann auch die Vergütung durch den Versorger mit reell
am Markt erzielbaren Preisen vorgenommen werden. Nur so wird die
Stromproduktion der Miniblockheizkraftwerke auf Tageszeiten verschoben,
in denen es sich bei dem Strom auch um höherwertigen Peakload-Strom
handelt. Da die Blockheizkraftwerksbetreiber für die Energieversorger Kon-
kurrenten darstellen, wird der Zugang zum Strommarkt vom Gesetzgeber
geregelt werden müssen.

Im Winter weisen die Blockheizkraftwerke lange Laufzeiten auf und sie können in dieser Jahreszeit kaum zur Deckung von Spitzenlasten im Stromnetz eingesetzt werden. Ein Großteil der Blockheizkraftwerke läuft im Bedarfsfall bereits, um den aktuell erhöhten Wärmebedarf zu decken, und kann nicht mehr zugeschaltet werden. Vor diesem Hintergrund können die Spitzenlastkraftwerke der Energieversorger nicht eingespart werden. Es kann aber zumindest in den Zeiten, in denen die Blockheizkraftwerke Spitzenstrom liefern können, die eingesetzte Primärenergie mittels Kraft-Wärme-Kopplung effizienter ausgenutzt werden. Einhergehend mit dem Nachteil für die Kraftwerksbetreiber, dass bei Reduzierung der Laufzeiten der Spitzenlastkraftwerke sich diese schlechter amortisieren.

Grundsätzlich stellt jede Kilowattstunde Strom, die mit hoher Energieeffizienz durch ein Blockheizkraftwerk oder allgemein durch Kraft-Wärme-Kopplung erzeugt wird, im gleichen Maße Kapazitäten bei den weniger effizienten Großkraftwerken frei.

In Deutschland gibt es 14 Mio. Einfamilienhäuser. Das Potential der Miniblockheizkraftwerke ist damit erheblich. Es ist also sinnvoll, die Rentabilität von Miniblockheizkraftwerken herzustellen, da sie einen maßgeblichen Anteil an der Stromproduktion übernehmen können. Dies wird besonders bei einem Vergleich deutlich. Die mögliche Kapazität von 14 Mio. Anlagen, mit einer jeweiligen elektrischen Leistung von 5,5 kW, also insgesamt einer Leistung von 77 GW, steht dann der insgesamt in Deutschland installierten elektrischen Leistung von 115 GW[27] gegenüber. Bei einem Jahresnutzungsgrad von 40 %[28] können die Miniblockheizkraftwerke immer noch 270 Mrd. kWh beziehungsweise 45 % des insgesamt in Deutschland benötigten Strombedarfes liefern.

Die Miniblockheizkraftwerke stellen mit ihrer Leistung Regelreserven dar. Durch die Förderung von regenerativen Energiequellen, wie der Windkraft

---

[27] Vgl.: Verband der Netzbetreiber VDN e. V. beim VDEW, Leistungsbilanz der allgemeinen Stromversorgung in Deutschland zum Zeitpunkt der Jahreshöchstlast 2004, S. 4.

[28] Die 40 % ergeben sich für das hier betrachtete Miniblockheizkraftwerk bei Auslegung mit seiner gesamten Leistung für ein Objekt. Die Laufzeiten ohne Einspeisung in das Netz der allgemeinen Versorgung sind bereits herausgerechnet.

und der Solarenergie, kommen Kapazitäten mit unstetigem Leistungsver-
halten hinzu. Es werden also zunehmend auch solche Energielieferanten
benötigt, die den unstetigen, alternativen Energieerzeugern mit ihrer Regelleistung gegenüberstehen. Der Anteil der alternativen Energien soll sich bis
zum Jahr 2020 auf ca. 20 % des gesamten Energiebedarfes verdoppeln.[29]

---

[29] Vgl. § 1 Abs. 2 EEG.

# Literaturverzeichnis

Arbeitsgemeinschaft für sparsamen und umweltfreundlichen Energie-verbrauch e. V.: BHKW-Kenndaten 2005, Verlag Rationeller Erdgaseinsatz, Kaiserslautern o. J.

Arbeitsgemeinschaft für sparsamen und umweltfreundlichen Energie-verbrauch e. V.: KWK-Gesetz 2002, Grundlagen, Fördermechanismus, praktische Hinweise, Verlag Rationeller Erdgaseinsatz, Kaiserslautern o. J.

Bundesministerium für Umwelt, Naturschutz und Reaktorsicherheit: Bericht der Bundesrepublik Deutschland 2005 zur Erreichung des Richtziels für den Verbrauch von Strom aus Erneuerbaren Energiequellen im Jahr 2010, Berlin 2005.

Bundesverband der deutschen Gas- und Wasserwirtschaft e. V.: Energie-preise im Fokus, Medienfachverlag Rommerskirchen GmbH, Remagen-Rolandseck 2005.

Bundesverband der deutschen Gas- und Wasserwirtschaft e. V.: Energie-Wissen, Fakten zu Erdgas- und Strompreisen, o. J., http://stromfakten.strom.de/wysstr/stromwys.nsf/ae8424b40189cf07c1256b 020042d7f1/194fadc077e66653c12570d70057a3d2/$FILE/Energie_Wissen .pdf , 1. Mai 2006.

Bundesverband Kraft-Wärme-Kopplung e. V.: Kraft-Wärme-Kopplung, Chance für Wirtschaft und Umwelt, o. J., http://www.bkwk.de/aktuelles /Broschur/Broschur_Internet.pdf, 29. Apr. 2006.

Deutscher Wetterdienst: Ausgabe der Klimadaten - Monatswerte, http:// www.dwd.de/de/FundE/Klima/KLIS/daten/online/nat/ausgabe_monatswer-te.htm, 6. Mai 2006.

Deutscher Wetterdienst: Ausgabe der Klimadaten - Tageswerte, http:// www.dwd.de/de/FundE/Klima/KLIS/daten/online/nat/ausgabe_tageswer-te.htm, 6. Mai 2006.

Energytech.at.: Technologieportrait Kraft-Wärme-Kopplung, Wien, Mai 2002.

European Energy Exchange AG: EEX-Spotmarktkonzept, http://www.eex .de/get. php?f=6888c8ca67c7f71711efdb50a0733f0e.pdf&m=download, 1. Mai 2006.

Eurostat, Statistisches Amt der Europäischen Gemeinschaften: Stromprei- se – Private Haushalte, http://epp.eurostat.ec.europa.eu/portal/page?_ pageid=1996,39140985&_dad=portal&_schema=PORTAL&screen=detailre f&language=de&product=Yearlies_new_environment_energy&root= Yearlies_new_environment_energy/H/H2/H21/er02b2, 09. Feb. 2007.

Gailfuß, M.: BHKW-Infozentrum, Definition des "üblichen Preises" (KWKModG) nach dem Artikelgesetz vom 21. Jul. 2004, o. J., http://www.bhkw-infozentrum.de/statement/aenderung_kwkmodg_ 020404.html, 29. Apr. 2006.

Glizie GmbH: KWK-Gesetz, o. J., http://www.glizie.de/kwk-gesetz.htm, 24. Jan. 2007.

Glizie GmbH: Strom und Wärme, 2004, http://www.bhkws.de/kwk- gesetz.htm, 24. Jan. 2007.

Meixner, H., Stein, R., Suttor, W.: Blockheizkraftwerke – Ein Leitfaden für den Anwender, 6. Aufl., Solarpraxis, Berlin 2006.

Pehnt, M., Nitsch, J.: Einsatzfelder und Marktchancen von Brennstoffzellen in der industriellen und öffentlichen Kraft-Wärme-Kopplung, Deutsches Zentrum für Luft- und Raumfahrt e. V.

Pehnt, M., Traube, K.: Zwischen Euphorie und Ernüchterung – Stand und mittelfristige Perspektiven stationärer Brennstoffzellen, Bundesverband Kraft-Wärme-Kopplung e. V., Berlin Okt 2004.

Pfaffenberger, W.: Thesenpapier zur Kraft-Wärme-Kopplung, o. J., http://www.energie-fakten.de/html/thesen-kwk.html, 7. Feb. 2006.

Schulz E.: Welche Bedeutung hat die Kraft-Wärme-Kopplung?, 21. Jul. 2005, http://www.energie-fakten.de/pdf/kwk-bedeutung.pdf, 29. Apr. 2006.

Verband der Netzbetreiber VDN e. V. beim VDEW: Leistungsbilanz der allgemeinen Stromversorgung in Deutschland zum Zeitpunkt der Jahres-höchstlast 2004, Feb. 2005, http://www.vdn-berlin.de/global/downloads/ Publikationen/LB/JHoechstlast_2004.pdf, 2. Mai 2006.

Verband der Netzbetreiber VDN e. V. beim VDEW: Leistungsbilanz der allgemeinen Stromversorgung in Deutschland, Vorschau 2004 bis 2010, 13. Nov. 2003, http://www.vdn-berlin.de/global/downloads/Publikationen /LB/ VDN_LB_VS_2004-2010.pdf, 19. Feb. 2006.

Verband der Netzbetreiber VDN e. V. beim VDEW: Leistungsbilanz der allgemeinen Stromversorgung in Deutschland, Vorschau 2005 bis 2015, Nov. 2004, http://www.vdn-berlin.de/global/downloads/Publikationen /LB/VDN_LB _VS_2005-2015.pdf, 2. Mai 2006.

Verband der Elektrizitätswirtschaft: VDEW-Pressekonferenz – Berlin – 14. November 2006, Zahlen und Fakten.

Wirtschaftsministerium Baden-Württemberg: Blockheizkraft, 4. Auflage, Schwäbische Druckerei GmbH, Stuttgart 2005.

Wirtschaftsministerium Baden-Württemberg: Kommunales Energie-Management, 3. Auflage, Schwäbische Druckerei GmbH, Stuttgart 2004.

Wirtschaftsministerium Baden-Württemberg: Nahwärmefibel, Stuttgart 2004.

Wöhe, G., Döring, U.: Einführung in die Allgemeine Betriebswirtschaftsleh-re, 21. Aufl., Vahlen, München 2002.

# Anhang

# Anhangverzeichnis

Anhang 1: Definitionen.................................................................... 69

Anhang 2: Typen von Erdgas-Blockheizkraftwerken ................................ 71

Anhang 3: Außentemperaturverlauf Düsseldorf Sept. 2005 - Jan. 2006 ... 72

Anhang 4: Außentemperaturverlauf Düsseldorf Jan. 2006 - Mai 2006...... 73

Anhang 5: Außentemperaturverlauf Düsseldorf Mai 2006 - Aug.2006 ...... 74

## Anhang 1: Definitionen

### Brennwert und Heizwert

Der Brennwert liegt bei Erdgas, je nach Zusammensetzung, zwischen
35 MJ/m$^3$ und 45 MJ/m$^3$, der Heizwert zwischen 32 MJ/m$^3$ und 42 MJ/m$^3$.
Der Heizwert liegt im Schnitt ca. 9 % unter dem Brennwert. Verbrennt Erdgas, ist eines der Oxidationsprodukte Wasserdampf. Bei Ausnutzung der
Brennwerttechnik wird die Energie, die im Wasserdampf gespeichert ist,
durch Kondensation zurückgewonnen, die sogenannte Kondensationswärme. Die zur Berechnung herangezogenen Gaspreise beziehen sich auf den
oberen Heizwert, also den Brennwert. Sowohl bei Heizungsanlagen mit
Brenner als auch bei Blockheizkraftwerken ist das Ausnutzen des Brennwertes Stand der Technik. Bei Anlagen ohne Brennwerttechnik ist der E-
nergiebedarf um 9 % erhöht und muss in der Berechnung berücksichtigt
werden. Allerdings ist nach der Heizungsverordnung seit dem 1. Januar
1998 der Einbau einfacher Standardheizkessel nicht mehr zulässig. Es
dürfen nur noch Niedertemperaturkessel oder Brennwertkessel installiert
werden.

### Grund- und Spitzenlaststrom

An den Strombörsen wird Strom am Terminmarkt und am Spotmarkt gehandelt. Über den Terminmarkt wird ein Großteil der Grundlast in langfristigen Verträgen gehandelt. Die Grundlast (Baseload) ist die über 24 Stunden
konstante Leistung, sie wird im Laufe eines Tages nicht unterschritten. Am
Spotmarkt wird das restliche noch benötigte Volumen an Grundlast gehandelt, ebenso wie der Strom, der nicht kontinuierlich über 24 Stunden hinweg benötigt wird. In der Zeit von 8 Uhr bis 20 Uhr ist der Strombedarf
hoch und man spricht von Spitzenlaststrom oder auch Peakload-Strom. Der
Strom, der zwischen 20 Uhr und 8 Uhr noch über die Grundlast hinaus benötigt wird, nennt sich Off-Peak-Strom.

Peakload = Spitzenlast (8 Uhr bis 20 Uhr)
Off-Peak  = Nach-Spitzenlast (20 Uhr bis 8 Uhr)
Baseload = Grundlast (über 24 Stunden konstante Leistung bzw. die Leistung, die in 24 Stunden nicht unterschritten wird)

**Stromkennzahl**

Die Stromkennzahl stellt das Verhältnis von elektrischem zu thermischem Wirkungsgrad dar. Für verbrennungsmotorbetriebene Blockheizkraftwerke liegt sie typisch bei 0,4 bis 0,5.

## Anhang 2: Typen von Erdgas-Blockheizkraftwerken

| Firma | Typ | Motor | $P_{el}$ [kW] | $P_{th}$ [kW] | $P_{Brennstoff}$ [kW] | $\eta_{el}$ [-] | $\eta_{tth}$ [-] | $\eta_{ges}$ [-] |
|---|---|---|---|---|---|---|---|---|
| Giese Energie- und Regeltech- nik | Energator GB 4-8 (Gas) | Kubota DG 750-E | 4 | 8 | 15,1 | 26 % | 53 % | 79 % |
| Senertec | Dachs HKA G5_Low Nox | Senertec | 5 | 12,3 | 21,8 | 23 % | 56 % | 79 % |
| Senertec | Dachs HKA G5.5 | Senertec | 5,5 | 12,5 | 20,5 | 27 % | 61 % | 88 % |
| Giese Energie- und Regeltech- nik | Energator GB 6-12 (Gas) | Kubota DG 750-E | 5,5 | 12 | 22,2 | 25 % | 54 % | 79 % |
| Giese Energie- und Regeltech- nik | Energator GB 7,5-15 (Gas) | Kubota DF 1005 | 7,5 | 15 | 25,6 | 29 % | 59 % | 88 % |
| Öko Energiesysteme GmbH | ÖES 8 Gas | Ford VSG 413 | 8 | 16 | 30 | 27 % | 53 % | 80 % |

Quelle: Auszug aus Arbeitsgemeinschaft für sparsamen und umweltfreund-lichen Energieverbrauch e. V.: BHKW-Kenndaten 2005, Verlag Rationeller Erdgaseinsatz, Kaiserslautern o. J., S. 32

## Anhang 3: Außentemperaturverlauf Düsseldorf Sept. 2005 - Jan. 2006

| Tageswerte der Station 10400 | | | | | |
|---|---|---|---|---|---|
| Datum | TM | Datum | TM | Datum | TM |
| 1. Sep. 05 | 22,1 | 13. Okt. 05 | 14,8 | 24. Nov. 05 | 0,8 |
| 2. Sep. 05 | 20,3 | 14. Okt. 05 | 13,4 | 25. Nov. 05 | 1,3 |
| 3. Sep. 05 | 19,5 | 15. Okt. 05 | 12,7 | 26. Nov. 05 | 0,9 |
| 4. Sep. 05 | 18,9 | 16. Okt. 05 | 10,7 | 27. Nov. 05 | 0,7 |
| 5. Sep. 05 | 20,5 | 17. Okt. 05 | 7,8 | 28. Nov. 05 | 1,1 |
| 6. Sep. 05 | 21,1 | 18. Okt. 05 | 9,6 | 29. Nov. 05 | 2,4 |
| 7. Sep. 05 | 21,3 | 19. Okt. 05 | 9,3 | 30. Nov. 05 | 3,1 |
| 8. Sep. 05 | 22,2 | 20. Okt. 05 | 12,3 | 1. Dez. 05 | 1,6 |
| 9. Sep. 05 | 20,8 | 21. Okt. 05 | 14 | 2. Dez. 05 | 3,6 |
| 10. Sep. 05 | 20,9 | 22. Okt. 05 | 12,4 | 3. Dez. 05 | 6,9 |
| 11. Sep. 05 | 18,2 | 23. Okt. 05 | 11,8 | 4. Dez. 05 | 8,1 |
| 12. Sep. 05 | 17,2 | 24. Okt. 05 | 12,5 | 5. Dez. 05 | 6,8 |
| 13. Sep. 05 | 14,8 | 25. Okt. 05 | 14,3 | 6. Dez. 05 | 5,8 |
| 14. Sep. 05 | 16 | 26. Okt. 05 | 14,6 | 7. Dez. 05 | 5,9 |
| 15. Sep. 05 | 17,8 | 27. Okt. 05 | 17,3 | 8. Dez. 05 | 4,5 |
| 16. Sep. 05 | 13,7 | 28. Okt. 05 | 17,5 | 9. Dez. 05 | 3,4 |
| 17. Sep. 05 | 10,6 | 29. Okt. 05 | 17,1 | 10. Dez. 05 | -0,9 |
| 18. Sep. 05 | 10,7 | 30. Okt. 05 | 16,4 | 11. Dez. 05 | 1,1 |
| 19. Sep. 05 | 12 | 31. Okt. 05 | 16,6 | 12. Dez. 05 | 3,8 |
| 20. Sep. 05 | 12,5 | 1. Nov. 05 | 13 | 13. Dez. 05 | 4,6 |
| 21. Sep. 05 | 13,5 | 2. Nov. 05 | 12,1 | 14. Dez. 05 | 5,7 |
| 22. Sep. 05 | 14,2 | 3. Nov. 05 | 15,9 | 15. Dez. 05 | 6,2 |
| 23. Sep. 05 | 15,6 | 4. Nov. 05 | 13,5 | 16. Dez. 05 | 6,1 |
| 24. Sep. 05 | 15,4 | 5. Nov. 05 | 8,3 | 17. Dez. 05 | 0,9 |
| 25. Sep. 05 | 15,8 | 6. Nov. 05 | 10,7 | 18. Dez. 05 | 1,3 |
| 26. Sep. 05 | 15,8 | 7. Nov. 05 | 9,8 | 19. Dez. 05 | 2,2 |
| 27. Sep. 05 | 16,3 | 8. Nov. 05 | 11,9 | 20. Dez. 05 | 3,8 |
| 28. Sep. 05 | 14,2 | 9. Nov. 05 | 11,5 | 21. Dez. 05 | 4,3 |
| 29. Sep. 05 | 12,1 | 10. Nov. 05 | 9,1 | 22. Dez. 05 | 5,9 |
| 30. Sep. 05 | 12,1 | 11. Nov. 05 | 11,5 | 23. Dez. 05 | 6,9 |
| 1. Okt. 05 | 12,5 | 12. Nov. 05 | 9,1 | 24. Dez. 05 | 6,6 |
| 2. Okt. 05 | 11,3 | 13. Nov. 05 | 8,5 | 25. Dez. 05 | 4 |
| 3. Okt. 05 | 9,3 | 14. Nov. 05 | 4 | 26. Dez. 05 | 1,9 |
| 4. Okt. 05 | 12 | 15. Nov. 05 | 6,5 | 27. Dez. 05 | -1,7 |
| 5. Okt. 05 | 15,3 | 16. Nov. 05 | 5,6 | 28. Dez. 05 | -2,3 |
| 6. Okt. 05 | 15,1 | 17. Nov. 05 | 4,2 | 29. Dez. 05 | -2,2 |
| 7. Okt. 05 | 14 | 18. Nov. 05 | 2 | 30. Dez. 05 | -1,5 |
| 8. Okt. 05 | 14,7 | 19. Nov. 05 | 1 | 31. Dez. 05 | 4,3 |
| 9. Okt. 05 | 15,2 | 20. Nov. 05 | 3,9 | 1. Jan. 06 | 4,5 |
| 10. Okt. 05 | 15,9 | 21. Nov. 05 | 4,6 | 2. Jan. 06 | 2,7 |
| 11. Okt. 05 | 15,8 | 22. Nov. 05 | -0,3 | 3. Jan. 06 | 0,8 |
| 12. Okt. 05 | 16,4 | 23. Nov. 05 | 0,5 | 4. Jan. 06 | 1 |
| | | | | | |
| TM Tagesmitteltemperatur in °C | | | | | |

Quelle: Eigene Darstellung nach Zahlen des Deutschen Wetterdienstes.

**Anhang 4: Außentemperaturverlauf Düsseldorf Jan. 2006 - Mai 2006**

| Tageswerte der Station 10400 | | | | | | |
|---|---|---|---|---|---|---|
| Datum | TM | Datum | TM | | Datum | TM |
| 5. Jan. 06 | 1,1 | 16. Feb. 06 | 7 | | 30. Mrz. 06 | 11,6 |
| 6. Jan. 06 | 2,2 | 17. Feb. 06 | 6 | | 31. Mrz. 06 | 12 |
| 7. Jan. 06 | 3,5 | 18. Feb. 06 | 4,8 | | 1. Apr. 06 | 10,4 |
| 8. Jan. 06 | 3,2 | 19. Feb. 06 | 6,2 | | 2. Apr. 06 | 9,8 |
| 9. Jan. 06 | 0,5 | 20. Feb. 06 | 3,1 | | 3. Apr. 06 | 8,3 |
| 10. Jan. 06 | 0,2 | 21. Feb. 06 | 2,5 | | 4. Apr. 06 | 4,9 |
| 11. Jan. 06 | 2,3 | 22. Feb. 06 | 1,8 | | 5. Apr. 06 | 3,7 |
| 12. Jan. 06 | 3,5 | 23. Feb. 06 | 0,5 | | 6. Apr. 06 | 5,5 |
| 13. Jan. 06 | 1,4 | 24. Feb. 06 | 1,4 | | 7. Apr. 06 | 7,4 |
| 14. Jan. 06 | 1,8 | 25. Feb. 06 | 0 | | 8. Apr. 06 | 7,9 |
| 15. Jan. 06 | -2,7 | 26. Feb. 06 | -0,9 | | 9. Apr. 06 | 6,6 |
| 16. Jan. 06 | 0,7 | 27. Feb. 06 | -0,3 | | 10. Apr. 06 | 6 |
| 17. Jan. 06 | 3,6 | 28. Feb. 06 | 1,1 | | 11. Apr. 06 | 4,9 |
| 18. Jan. 06 | 4,2 | 1. Mrz. 06 | -0,1 | | 12. Apr. 06 | 7,3 |
| 19. Jan. 06 | 3,5 | 2. Mrz. 06 | -0,3 | | 13. Apr. 06 | 9,1 |
| 20. Jan. 06 | 6,8 | 3. Mrz. 06 | -0,2 | | 14. Apr. 06 | 9,5 |
| 21. Jan. 06 | 5,3 | 4. Mrz. 06 | -0,6 | | 15. Apr. 06 | 9,8 |
| 22. Jan. 06 | 0,4 | 5. Mrz. 06 | 0,4 | | 16. Apr. 06 | 11,7 |
| 23. Jan. 06 | -3,3 | 6. Mrz. 06 | 2,1 | | 17. Apr. 06 | 10,3 |
| 24. Jan. 06 | -1,5 | 7. Mrz. 06 | 2,3 | | 18. Apr. 06 | 9,9 |
| 25. Jan. 06 | -1,2 | 8. Mrz. 06 | 2,6 | | 19. Apr. 06 | 10,1 |
| 26. Jan. 06 | -2,6 | 9. Mrz. 06 | 7,9 | | 20. Apr. 06 | 11,5 |
| 27. Jan. 06 | -5,9 | 10. Mrz. 06 | 5,2 | | 21. Apr. 06 | 13,9 |
| 28. Jan. 06 | -4,1 | 11. Mrz. 06 | 0 | | 22. Apr. 06 | 9,8 |
| 29. Jan. 06 | -2,3 | 12. Mrz. 06 | -3,2 | | 23. Apr. 06 | 10,2 |
| 30. Jan. 06 | -0,6 | 13. Mrz. 06 | -2,6 | | 24. Apr. 06 | 13,1 |
| 31. Jan. 06 | 0,7 | 14. Mrz. 06 | 0,2 | | 25. Apr. 06 | 16,5 |
| 1. Feb. 06 | -1,4 | 15. Mrz. 06 | 1,3 | | 26. Apr. 06 | 13,5 |
| 2. Feb. 06 | -4,3 | 16. Mrz. 06 | 1,7 | | 27. Apr. 06 | 12,9 |
| 3. Feb. 06 | -2,9 | 17. Mrz. 06 | 1,5 | | 28. Apr. 06 | 9,2 |
| 4. Feb. 06 | 0,5 | 18. Mrz. 06 | 1,9 | | 29. Apr. 06 | 6,2 |
| 5. Feb. 06 | 1 | 19. Mrz. 06 | 1,4 | | 30. Apr. 06 | 5,6 |
| 6. Feb. 06 | 2,4 | 20. Mrz. 06 | 3,2 | | 1. Mai. 06 | 8,1 |
| 7. Feb. 06 | 4,8 | 21. Mrz. 06 | 2,7 | | 2. Mai. 06 | 14,1 |
| 8. Feb. 06 | 4,6 | 22. Mrz. 06 | 1,1 | | 3. Mai. 06 | 19,5 |
| 9. Feb. 06 | 2,7 | 23. Mrz. 06 | 3,4 | | 4. Mai. 06 | 19,7 |
| 10. Feb. 06 | 2,6 | 24. Mrz. 06 | 6,9 | | 5. Mai. 06 | 19,5 |
| 11. Feb. 06 | 1,5 | 25. Mrz. 06 | 11,6 | | 6. Mai. 06 | 17,7 |
| 12. Feb. 06 | 1,7 | 26. Mrz. 06 | 14,5 | | 7. Mai. 06 | 18,9 |
| 13. Feb. 06 | 2,8 | 27. Mrz. 06 | 14,4 | | 8. Mai. 06 | 17,9 |
| 14. Feb. 06 | 4,8 | 28. Mrz. 06 | 10,5 | | 9. Mai. 06 | 17,4 |
| 15. Feb. 06 | 6,6 | 29. Mrz. 06 | 8,1 | | 10. Mai. 06 | 17,2 |
| | | | | | | |
| TM Tagesmitteltemperatur in °C | | | | | | |

Quelle: Eigene Darstellung nach Zahlen des Deutschen Wetterdienstes.

**Anhang 5: Außentemperaturverlauf Düsseldorf Mai 2006 - Aug.2006**

| Tageswerte der Station 10400 | | | | | | |
|---|---|---|---|---|---|---|
| Datum | TM | | Datum | TM | Datum | TM |
| 11. Mai. 06 | 17,2 | | 22. Jun. 06 | 15,1 | 3. Aug. 06 | 16,3 |
| 12. Mai. 06 | 18,9 | | 23. Jun. 06 | 16,1 | 4. Aug. 06 | 17,2 |
| 13. Mai. 06 | 16 | | 24. Jun. 06 | 19,9 | 5. Aug. 06 | 19,8 |
| 14. Mai. 06 | 12,5 | | 25. Jun. 06 | 21,6 | 6. Aug. 06 | 20,6 |
| 15. Mai. 06 | 15,7 | | 26. Jun. 06 | 19,3 | 7. Aug. 06 | 18,9 |
| 16. Mai. 06 | 17,6 | | 27. Jun. 06 | 15,8 | 8. Aug. 06 | 17,6 |
| 17. Mai. 06 | 16,1 | | 28. Jun. 06 | 17,6 | 9. Aug. 06 | 15,8 |
| 18. Mai. 06 | 16,5 | | 29. Jun. 06 | 18,8 | 10. Aug. 06 | 13,5 |
| 19. Mai. 06 | 13,1 | | 30. Jun. 06 | 21,9 | 11. Aug. 06 | 13,9 |
| 20. Mai. 06 | 11,6 | | 1. Jul. 06 | 22,9 | 12. Aug. 06 | 14 |
| 21. Mai. 06 | 14,4 | | 2. Jul. 06 | 23,5 | 13. Aug. 06 | 14,8 |
| 22. Mai. 06 | 15,1 | | 3. Jul. 06 | 24,4 | 14. Aug. 06 | 14 |
| 23. Mai. 06 | 10,9 | | 4. Jul. 06 | 25,2 | 15. Aug. 06 | 16 |
| 24. Mai. 06 | 11,1 | | 5. Jul. 06 | 24,2 | 16. Aug. 06 | 17,8 |
| 25. Mai. 06 | 11,5 | | 6. Jul. 06 | 22,6 | 17. Aug. 06 | 19 |
| 26. Mai. 06 | 12,2 | | 7. Jul. 06 | 21,4 | 18. Aug. 06 | 19,1 |
| 27. Mai. 06 | 14,3 | | 8. Jul. 06 | 20,5 | 19. Aug. 06 | 18,7 |
| 28. Mai. 06 | 14 | | 9. Jul. 06 | 22,2 | 20. Aug. 06 | 16,7 |
| 29. Mai. 06 | 11 | | 10. Jul. 06 | 20,9 | 21. Aug. 06 | 16,4 |
| 30. Mai. 06 | 8,4 | | 11. Jul. 06 | 23,2 | 22. Aug. 06 | 16,3 |
| 31. Mai. 06 | 8,9 | | 12. Jul. 06 | 22,1 | 23. Aug. 06 | 16,8 |
| 1. Jun. 06 | 9,8 | | 13. Jul. 06 | 23,6 | 24. Aug. 06 | 16,6 |
| 2. Jun. 06 | 11,8 | | 14. Jul. 06 | 19,7 | 25. Aug. 06 | 15,7 |
| 3. Jun. 06 | 14 | | 15. Jul. 06 | 20,6 | 26. Aug. 06 | 16 |
| 4. Jun. 06 | 12,7 | | 16. Jul. 06 | 23 | 27. Aug. 06 | 16,2 |
| 5. Jun. 06 | 11,6 | | 17. Jul. 06 | 23,5 | 28. Aug. 06 | 13,7 |
| 6. Jun. 06 | 12,9 | | 18. Jul. 06 | 26 | 29. Aug. 06 | 12,8 |
| 7. Jun. 06 | 14,9 | | 19. Jul. 06 | 28,3 | 30. Aug. 06 | 13 |
| 8. Jun. 06 | 16,7 | | 20. Jul. 06 | 27,7 | 31. Aug. 06 | 14,8 |
| 9. Jun. 06 | 18,8 | | 21. Jul. 06 | 26,3 | | |
| 10. Jun. 06 | 21 | | 22. Jul. 06 | 25,5 | | |
| 11. Jun. 06 | 22,4 | | 23. Jul. 06 | 24,6 | | |
| 12. Jun. 06 | 22,4 | | 24. Jul. 06 | 24,4 | | |
| 13. Jun. 06 | 25,7 | | 25. Jul. 06 | 26,9 | | |
| 14. Jun. 06 | 21,3 | | 26. Jul. 06 | 26,8 | | |
| 15. Jun. 06 | 16,6 | | 27. Jul. 06 | 25,2 | | |
| 16. Jun. 06 | 15,2 | | 28. Jul. 06 | 23,4 | | |
| 17. Jun. 06 | 16,2 | | 29. Jul. 06 | 21,9 | | |
| 18. Jun. 06 | 21,7 | | 30. Jul. 06 | 22 | | |
| 19. Jun. 06 | 22,1 | | 31. Jul. 06 | 19,5 | | |
| 20. Jun. 06 | 21,4 | | 1. Aug. 06 | 18 | | |
| 21. Jun. 06 | 19,1 | | 2. Aug. 06 | 16,1 | | |
| | | | | | | |
| TM Tagesmitteltemperatur in °C | | | | | | |

Quelle: Eigene Darstellung nach Zahlen des Deutschen Wetterdienstes.